U0642888

中国科学数据资源发展研究报告 2022

国家科技基础条件平台中心　著

科学技术文献出版社
SCIENTIFIC AND TECHNICAL DOCUMENTATION PRESS
·北京·

图书在版编目（CIP）数据

中国科学数据资源发展研究报告. 2022／国家科技基础条件平台中心著. —北京：科学技术文献出版社，2022.12
ISBN 978-7-5189-9968-2

Ⅰ. ①中… Ⅱ. ①国… Ⅲ. ①科学技术—数据管理—研究报告—中国—2022 Ⅳ. ①G203

中国版本图书馆CIP数据核字（2022）第243779号

中国科学数据资源发展研究报告2022

策划编辑：周国臻　　　责任编辑：王　培　　　责任校对：张永霞　　　责任出版：张志平

出　版　者	科学技术文献出版社	
地　　　址	北京市复兴路15号　邮编 100038	
编　务　部	(010) 58882938，58882087（传真）	
发　行　部	(010) 58882868，58882870（传真）	
邮　购　部	(010) 58882873	
官 方 网 址	www.stdp.com.cn	
发　行　者	科学技术文献出版社发行　全国各地新华书店经销	
印　刷　者	北京地大彩印有限公司	
版　　　次	2022 年 12 月第 1 版　2022 年 12 月第 1 次印刷	
开　　　本	787×1092　1/16	
字　　　数	108千	
印　　　张	8.75	
书　　　号	ISBN 978-7-5189-9968-2	
定　　　价	78.00元	

《中国科学数据资源发展研究报告 2022》
撰 写 组

组 长 苏 靖

副组长 王瑞丹　李加洪

成 员 （按姓氏笔画排序）

马俊才　王 祎　王 姝　王 晋　王 璐

王呈珊　石 蕾　卢 凡　朱艳华　刘 佳

米琳莹　汤高飞　许东惠　纪 平　李 丽

李 坤　李俊瑶　李晓刚　李笑寒　李海波

杨和平　杨雅萍　肖云丹　吴立宗　邹自明

张 强　张达威　张红梅　张连翀　张耀南

陈祖刚　范治成　罗 葳　岳 琦　周 伟

周琼琼　庞丽娜　赵文明　赵国峰　胡 林

胡 泊　胡良霖　胡晓彦　姜晓轶　徐 波

徐振国　高孟绪　高鲁鹏　高瑜蔚　郭学军

陶 毅　陶一寒　崔 燚　符 昱　康建芳

梁 飚　程 苹　鲍一明　赫运涛　綦 欣

熊 佳　熊行创　潘博雅

执 笔 石 蕾　高孟绪　胡良霖　朱艳华　徐 波

前　言

随着以数据密集型科学研究为特点的科研"第四范式"快速发展，科学数据的汇聚、开放与应用受到国内外科研人员和数据从业人员的广泛关注。党的十九届四中全会第一次把"数据"纳入生产要素并参与分配，更加突显出数据的重要价值。2020年4月，中共中央、国务院印发《关于构建更加完善的要素市场化配置体制机制的意见》，明确提出"加快培育数据要素市场"，要求提升社会数据资源价值，加强数据资源整合和安全保护；同年5月，《中华人民共和国数据安全法（草案）》公开征求意见，立法强化国家数据安全保障能力。

2019年年底，新型冠状病毒肺炎（COVID-19，简称"新冠肺炎"）疫情暴发并快速发展成为全球性流行病，人类面对近百年来影响范围最广的疾病挑战，强烈需要开展疫病防疫国际科学合作、分享科研成果与经验，集中全球力量争取在最短时间内解决公共卫生安全威胁。全球科学界积极应对，国际主要科技期刊向公众开放新冠病毒文献，我国国家科学数据中心及相关研究机构及时收集新冠肺炎科学数据并向全球公开共享，新冠肺炎疫情数据服务平台发挥积极作用，国家基因组科学数据中心、国家微生物科学数据中心等有关成果被国务院新闻办公室发布的《抗击新冠肺炎疫情的中国行动》白皮书收录。

当前，开放科学运动蓬勃发展，得到科研机构、出版机构及科研人员的广泛关注和持续推动，2019年9月联合国教科文组织启动制定《开放科学建议书》，致力于拉近公民与科学的距离、促进全世界的科学交流与发展。科学数据开放共享需要满足"可发现、可访问、可互操作和可重用"的FAIR基本原则已经得到了全球学界的广泛认同，国际数据委员会、研究数据联盟、世界数据系统等国际组织，欧洲开放科学云、全球开放科学云等国际计划均积极推进甚至联合布局 FAIR 数据生态系统的研究和实践，以实现全球范围内更大时空粒度上的科学数据开放共享，为开放科学数据的"数据互联网"发展奠定基础。

《科学数据管理办法》全面实施，截至 2020 年年底，全国共有 15 个省市、部委等发布实施细则类文件，科学数据政策体系进一步完善，地方或行业科学数据资源特色明显、实施路径科学清晰且执行性强。同期，20 个国家科学数据中心正式启动建设，面向世界科技前沿、经济主战场、国家重大需求、人民生命健康，重点布局科学数据资源体系，深入落实科技计划项目科学数据汇交，发展"通用＋专用"融合互促的科学数据管理和应用技术、软件、平台与共享服务体系。2020 年年底，国家科学数据中心整合科学数据总量超过 104 PB。国家科技基础条件平台中心启动建设了拥有自主知识产权的科技资源标识体系和标识系统，依托"中国科技资源共享网"建成新版国家科学数据网络管理平台。

本报告基于 2019—2020 年度国内外科学数据相关工作的开展现状，特别是首批国家科学数据中心正式组建以来，我国高质量科学数据资源汇聚和管理情况，以及科学数据在服务世界科技前沿、国家重大需求和人民生命健康方面所发挥的重要作用，在继承《国家科学数据资源发展报告 2019》科学数据资源发展状况的基础上，分析和探讨我国科学数据资源生产管理与整合、科技计划项目科学数据汇交、数据开放共享与应用服务等情况，梳理并总结了科学数据技术研发与分析挖掘平台建设进展、国家科学数据中心年度重要工作成效，提出持续推动我国科学数据管理与开放共享的对策建议。

本报告共分为十一章，第一章"科学数据发展新特点、新趋势"，深入阐述了 2019—2020 年度国际科学数据资源发展的新动态和新趋势，特别是在科学数据开放生态、数据影响力评价及数据服务新冠肺炎疫情防控方面的新进展。第二章"科学数据资源整合与应用服务体系初步形成"，全面介绍了首批国家科学数据中心在广泛汇聚领域科学数据、积极开展科学数据共享服务等方面取得的积极成效。第三章"科学数据服务新型冠状病毒肺炎疫情防控"，重点介绍了新型冠状病毒肺炎疫情相关科学数据及其服务平台全面支持病毒研究、疫苗研制和抗疫等情况。第四章至第十章系统阐述了我国科学数据的资源数量和质量、科技计划项目科学数据汇交进展、数据分析挖掘技术和平台建设情况、科技资源标识体系建设、国家科学数据网络管理平台建设、科学数据开放共享与服务应用及国际合作情况。第十一章"我国科学数据资源发展展望"，立足我国科学数据进展与现状，坚持构建一体化国家科学数据网络，推动数据要素市场化配置，加强开放共享与安全保护机制建设及深入发展符合我国国情的科学数据影响力评价指标。

本书的出版完成，得到国家自然科学基金面上项目"基于动态与异构场景的科学数据中心评价方法研究"（项目编号：72074017）的资助，在此表示感谢。

目　录

第一章　科学数据发展新特点、新趋势

科学数据是大数据时代科技创新和经济社会发展的重要基础，随着数据密集型科学范式的持续深入发展，科学数据的汇聚、开放与应用备受关注。在科学数据的开放环境方面，开放科学在全球范围内形成更多共识，而开放数据作为开放科学的研究热点，引起各国政府和科研机构的广泛关注，数据的可发现、可访问、可互操作和可重用的开放原则在更多学科领域产生积极影响。与此同时，诸多领域的数据影响力评价指标研究和平台工具研发均取得积极进展，客观公正地评价科学数据的影响力成为影响科研人员共享意识和共享意愿的重要因素之一。自 2019 年年底新冠肺炎疫情暴发以来，科学数据在病毒研究、疫苗研发、疫情防控等方面发挥了重要作用，推动科学数据开放共享对于增强科学数据服务世界科技前沿、经济主战场、国家重大需求、人民生命健康具有愈发重要的意义。

一、开放数据成为开放科学的研究热点

近年来，开放科学运动蓬勃发展，受到科研机构、科研工作者及出版商的广泛关注。作为开放科学的重要组成部分和广为关注的活跃内容之一，开放数据成为开放科学的研究热点。2019 年 9 月，联合国教科文组织启动制定《开放科学建议书》，明确定义开放科学的概念，将开放数据研究列入开放科学的重要内容，提出拉近公民与科学距离等具体建议，以及促进全世界科学交流与发展的具体行动，推动开放科学全球化发展。

学术界通常认为，开放科学包括开放获取、开放数据、开放可重复研究、开放科学定义、开放科学评估、开放科学指导意见、开放科学政策、开放科学项目、开放科学工具等内容。其中，开放数据关注的重点包括开放大数据、开放数据定义、开放数据期刊、开放数据标准、开放数据使用与重用、开放政府数据。欧盟第七框架计划界定的开放科学组成框架广为学界认可，如图 1.1 所示。

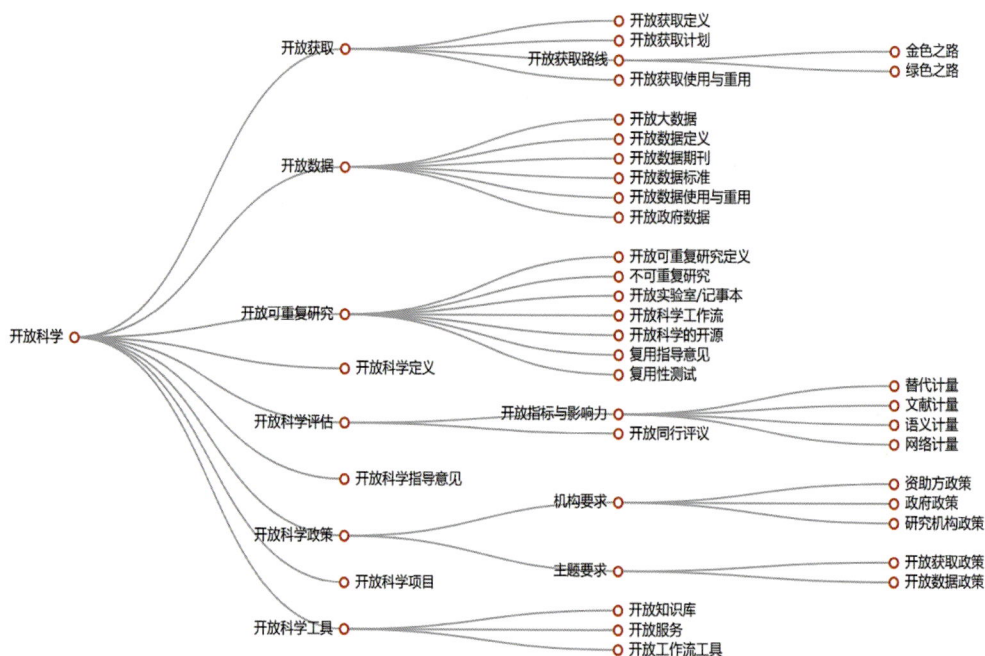

图 1.1 开放科学组成与词表①

在近 5 年的开放获取周活动中，开放数据获得越来越多的关注，2020 年美国、英国、澳大利亚、西班牙、日本及中国的开放获取周活动把开放数据列入唯一焦点或焦点之一，如表 1.1 所示。近两年关于开放数据的讨论主要集中在更广泛的数据可获取、可重用等方面。

---

① https://www.fosteropenscience.eu/foster-taxonomy/open-science-definition.

表 1.1　2016—2020 年国内外开放获取周（OA Week）活动焦点[①]

年份	美国	英国	澳大利亚	西班牙	日本	中国
2016	开放出版	开放数据	开放出版	开放数据	开放数据	开放出版
	开放获取					开放数据
2017	开放出版	开放出版	开放教育	开放获取	开放仓储	开放科学
	开放数据	开放数据	开放出版	开放科学	开放出版	
2018	开放数据	开放出版	开放公平	开放数据	开放科学	开放科学
		开放教育				
		开放数据				
2019	开放出版	开放出版	开放数据	开放科学	开放科学	开放科学
	开放公平	开放数据				开放数据
		开放科学				
2020	开放出版	开放数据	开放出版	开放科学	开放数据	开放获取
	开放数据		开放数据			开放数据
						开放科学

开放获取周活动

开放获取周是开放获取的一种重要组织形式。开放获取周（Open Access Week，OA Week）是学术出版和学术资源联盟（The Scholarly Publishing and Academic Resource Coalition，SPARC）主办的一项全球性的学术交流活动，在 2008 年开放获取日活动的基础上于 2009 年正式确立，旨在推动开放获取的交流与合作。

2008 年 10 月 14 日，SPARC 举办大型年度学术交流活动，

[①] 邵曾婷，王译晗，叶钰铭，等．从开放获取到开放科学：开放获取周的主题、内容演变与启示 [J]．图书情报工作，2020，64（14）：13-25．

并将该活动推向全球，这也是第一个国际开放获取日。由于活动影响力不断扩大，2009年主办机构将活动时间延长为一周，并在当年将10月19—23日定为国际开放获取周；2011年，SPARC重新约定每年10月的最后一周为国际开放获取周。开放获取周是一个国际性的活动，世界各地的研究人员、倡导者、学生、教授和决策者会在此活动中推广开放获取研究的理念。近5年，开放获取周关注的重点集中于与开放数据相关的内容。

中国科学院文献情报中心是我国开放获取活动的主要推动者，持续组织我国开放获取推介周活动。2019—2020年，开放科学数据连续两年都是我国开放获取推介周活动的重要议题。2019年10月，第八届中国开放获取推介周聚焦开放科学政策环境、开放科学基础设施、开放科学数据、开放获取、开放出版等内容；2020年10月，第九届中国开放获取推介周聚焦开放科学理念与价值、开放获取与开放数据、开放科学基础设施和开放科学进程中的焦点问题。

开放出版物和与出版物有关的研究数据等科学产出也是开放科学的重要内容，近年来，随着开放科学在科学出版领域快速兴起，大量科学出版物由出版商在开放获取在线出版平台上传播，也带动了与出版物有关的科学数据等科研产出的开放获取。一些政府和出版商在期刊论文和会议论文等传统开放科学成果类型的基础上，将与论文关联的科学数据逐渐列入开放成果的范围。如欧盟地平线2020计划，要求其资助的项目开放科学出版物的访问权限，其中科研数据开放是默认选项。据欧盟统计，全球 26 个主要国家的 149 家科研经费管理机构或资助机构中有 27.6% 的机构要求接受资助的科研人员和团队对科研数据进行开放，14.6% 的资助机构鼓励研究数据的开放[①]。

二、构建科学数据开放生态进一步成为国际共识

构建完善的科学数据开放生态是推动高质量科学数据共享与应用的重要基础，由数据科学家、领域科学家、学术出版商代表和工业界代表共同提出的 FAIR 原则近年来影响力很大。科研数据在开放共享过程中需满足"可发现（Findable）、可访问（Accessible）、可互操作（Interoperable）和可重用（Reusable）的基本原则"，近年来愈发得到全球学界的广泛认同。自 2019 年以来，相关国际组织和科研机构积极探索 FAIR 原则的政策推广并制定实施建议，通过区域化、全球化合作扩大其影响，推动其应用，FAIR 原则日益呈现全球化、生态化的特点。2019 年，国际数据委员会（Committee on Data for Science and Technology，CODATA）将 FAIR 原则纳入组织工作宗旨，并在其发布的《科研数据北京宣言》中明确提出科学数据开放应遵循 FAIR 原则[②]。

2019 年 4—9 月，欧洲开放获取基础设施研究项目 OpenAIRE、研究数据联盟（RDA）欧洲、欧洲促进数据 FAIR 化实践项目 FAIRsFAIR、欧洲开放科学云中心 EOSC-hub、欧洲持久标识基础设施项目 FREYA 联合举办"FAIR 数据生态系统服务建议"系列研讨会，联合探讨 FAIR 数据服务面临的挑战和解决方案，并发布《FAIR 数据生态系统服务建议》

[①] European Commission. Facts and figures for open research data[EB/OL]. [2021–06–06]. https://ec.europa.eu/info/research-and-innovation/strategy/goalsresearch-and-innovation-policy/open-science/open-science-monitor/facts-and-figures-open-research-data_en/.

[②] The Beijing declaration on research data[EB/OL]. [2021–06–06]. https://doi.org/10.5281/zenodo.3552330.

（Recommendations for Services in a FAIR Data Ecosystem）[①]，讨论形成一系列支持 FAIR 数据生态系统服务的建议（表 1.2），重点明确了 4 个方面：①为各类对象提供永久标识服务；②自动生成和获取符合领域标准的元数据；③将基于 FAIR 的原则数据共享列入学术评估体系；④通过研究数据联盟（RDA）等组织，促进 FAIR 原则的实施和解决方案的全球协作。该建议为 FAIR 原则规范化实施提供了具有实操性的指导，为推动 FAIR 数据原则实施方从分散建设转向共同发展一致化提供了解决方案。

表 1.2　FAIR 数据生态系统服务建议

序号	项目名称	具体建议
1	认证	认证机制和能力成熟度模型需要进一步发展，以推动服务采纳，并使之符合 FAIR 原则；数据存储库应当通过 FAIR 一致性认证，如 CoreTrustSeal
2	基础设施	满足各种对象类型的 PID 服务，如出版物、研究人员、数据集和组织机构等。新增的 PID 类型（如仪器装置）应在时机成熟时引入使用；面向特定领域需求，使用领域知识本体；采用人机可读的标准，以支持数据集的可发现、可重用和可互操作。如适用，应自动生成或获取符合相应领域标准的元数据
3	治理	制订数据管理计划，为研究人员提供简单直观的培训，支持数据管理人员和研究人员使用符合 FAIR 原则的应用；支持研究成果的保藏和评估；推动并维护数据对象长期符合 FAIR 原则，以及数据集的长期可用性和可发现性
4	成本	明确符合 FAIR 原则的服务成本，包括数据管理支持、维护和长期保藏等；考虑 FAIR 化可能产生的额外费用，制定一个可持续的融资模式；鉴于数据管理成本通常被低估，在确定成本时提供帮助
5	奖励	将数据共享是否达到 FAIR 原则要求与其他考核因素一并纳入学术评价体系；研究资助方认可并鼓励在数据管理计划中使用基于可信数字存储库的数据引用
6	协作与支持	建立或参加相关跨机构协作组织，推动和实施 FAIR 服务；通过研究数据联盟等组织，推动 FAIR 实施与新的解决方案研制方面的全球化合作；制定如何基于数据存储库实现 FAIR 原则的实施指南；在机构中为制订健全的数据管理计划提供法律咨询

[①] KOERS H，BANGERT D，HERMANS E，et al. Recommendations for Services in a FAIR Data Ecosystem[EB/OL]. [2021–06–06]. https://doi.org/10.1016/j.patter.2020.100058.

续表

序号	项目名称	具体建议
7	数据管理	应提供一个可选的数据预存储政策，同时意识到并非所有研究成果都必须达到 FAIR 原则的最高要求，区分哪些成果具有长期价值，哪些成果立刻能够产生价值；数据管理计划应在申请资金早期提交；从项目开始阶段就要考虑可能存在的法律方面的问题

为加快推动 FAIR 原则落地实施，相关国际组织和机构在技术方案、研制工具等方面取得一定成效。① FAIR 原则实施自治计划 GO FAIR 在全球持续推进资源互操作，加速支持 FAIR 数据服务标准与技术的融合，推广跨域异构数据互操作研究，并逐步在生物多样性、化学、新材料、个人健康训练、食物系统等学科领域应用。2020 年 4 月，GO FAIR 计划建立机器可操作元数据工作组、FAIR 实施方案工作组和 FAIR 数据对象工作组，探讨从建立可重复使用的元数据模式到通过 FAIR 实施方案指导 FAIR 基础设施的选择配置，推动建立一个全球 FAIR 数据和服务互联网，加速数据 FAIR 化实现进程。②欧洲促进数据 FAIR 化实践项目 FAIRsFAIR 致力于建设符合 FAIR 原则的数据管理与开放基础设施，该项目于 2020 年 6 月发布 FAIR-Aware 在线评估工具，帮助研究人员和数据管理人员在数据集上传到数据库之前，评估其 FAIR 原则符合程度。从业人员通过评估可以更深入地了解 FAIR 原则及 FAIR 原则是如何使数据增加潜在价值和影响的。

2020 年，《数据智能》（Data Intelligence）发布《FAIR 原则：第一代实现的选择和挑战》专辑[①]，该专辑汇集了世界各地首批 FAIR 实践案例，分析了实施 FAIR 原则对信息技术产生的新挑战和相应解决方案，特别指出应尽快达成 FAIR 原则最佳实践的国际共识、全面加强课题教育和职业教育以提升 FAIR 实施人员的能力和技能。该专辑由 FAIR 原则创立者、

---

① The FAIR principles: first generation implementation choices and challenges[EB/OL]. [2021–06–06]. http://data-intelligence.org/p/30/.

CODATA 主席、荷兰工程与创新研究院院士、莱顿大学教授 Barend Mons 等组织，来自全球 14 个国家（地区）的 135 位作者提交了 29 篇研究论文。此外，爱思唯尔（Elsevier）也在积极探索数据 FAIR 化，其主导的研究数据出版生命周期，包括创建数据集并通过开放研究者与贡献者身份识别码（Open Researcher and Contributor ID，ORCID）链接其已发布的数据集，独立发表数据集或与文章一同交由同行评审，将发布的数据集与期刊文章链接，以及数据集被自己或他人的文章引用 4 个主要环节。

三、数据影响力评价是科研人员共享科学数据的重要影响因素

近年来，激发科研人员的数据共享意愿、维护科研人员的利益成为推动科学数据开放共享的重要内容。2019—2020 年，在线数据仓储平台 Figshare 联合施普林格·自然出版集团（Springer Nature）、数字科学出版集团（Digital Science）发布的开放数据状态调查显示："增加影响力""公益""获得适当的学术回报""期刊 / 出版方要求""投资方要求"是影响科研人员共享意愿的最重要因素。其中，"增加影响力"这一因素受到的关注最多。

数据影响力评价是科研人员贡献度的直观和真实反映，建立完善的科学数据影响力评价体系是提升科研人员共享意识、激励科研人员共享科学数据的重要手段之一。研究表明，科学数据影响力主要体现为学术影响力与社会影响力：学术影响力主要反映科学数据在学术领域传播交流的广度与深度，是科学数据对相关领域研究所产生积极影响范围和深度的度量；社会影响力主要反映科学数据对社会、经济、文化、环境、生产实践等的影响程度，以及由之带来的改变。

2019 年以来，国际组织在科学数据影响力研究方面也开展了许多实

践和探索。科学数据联盟（Research Data Alliance，RDA）等国际科学数据组织通过与出版平台、科学数据存储平台合作，建立论文成果和数据关联，为科研人员提供科学数据相关学术回报依据，通过反馈、量化数据开展数据影响力客观评价和描述研究。

与此同时，一些科学数据影响力量化评估技术与平台的出现辅助评价指标体系落地，有效引导科学数据工作朝良性方向发展。数据影响力评价应用工具主要分为引文工具和影响力指标评价平台 Altmetrics。其中，引文工具包括数据引文索引（Data Citation Index，DCI）、CrossRef Search、Google Scholar、Microsoft Academic Search 等。数据期刊 *Scientific Data*（《科学数据》）、在线数据仓储平台 Figshare 和 Mendeley 等已同影响力指标评价平台 Altmetrics 开展合作，在本机构的网站上发布科学数据影响力指数，具体包括引用、转载、评论、推荐、分享、收藏等实时量化指标，提升了影响力评价的及时性和可见性。各类评价工具在使用过程中遇到的最大挑战在于可追踪数据过少，科学数据的覆盖范围窄，很多科学数据不在其追踪范围之内。

2019—2020 年开放数据状态调查[①][②]

Figshare 联合施普林格·自然出版集团（Springer Nature）和数字科学出版集团（Digital Science）开展了 2019 年、2020 年开放数据状态调查，2019 年调查对象包括来自全球 190 个国家或地区的超过 8400 名科学工作者，2020 年的调查收到了来自研究界

---

① FANE B，AYRIS P，HAHNEL M，et al. The state of open data report 2019[EB/OL]. [2021–06–05]. https://digitalscience.figshare.com/articles/report/The_State_of_Open_Data_Report_2019/9980783.

② HAHNEL M，MCLNTOSH L D，HYNDMAN A，et al. The state of open data 2020[EB/OL]. [2021–06–05]. https://digitalscience.figshare.com/articles/report/The_State_of_Open_Data_2020/13227875.

约 4500 份问卷回复，并额外关注新冠肺炎疫情中的研究实践。

2019 年，科研人员共享数据意愿整体较往年略微下降。65% 的研究人员表示曾整理自己的数据用于分享，该数字低于往年（2018 年和 2017 年均为 74%），了解开放数据并有意愿进行数据重用的比例也低于往年。而在影响共享意愿的因素统计中，"增加影响力"和"公益"仍然是最主要的动机，但"获得适当的学术回报"，"期刊/出版方要求"和"投资方要求"的位置日益重要。在学术回报方式的调查中，连续 4 年数据引用都被视为最主要的学术回报之一。此外，研究人员认为投资方在推动数据共享方面起着重要作用，67% 的受访者同意如果投资方要求共享数据，而研究人员拒不执行，可以扣留资金或进行其他惩罚，该意见在所有国家（地区）都是一致的。69% 的受访者认为，投资方应将共享研究数据作为授予经费条款的一部分，其中教授级研究人员对这些意见的支持度最高。

2020 年新冠肺炎疫情暴发后，约 1/3（32%）的学术研究人员报告说，他们的研究受到 COVID-19 暴发的"极端"或"非常"影响。50% 的受访者认为，疫情带来的封锁可能会导致其他实验室提供的开放数据的重复使用，65% 的受访者希望重用自己的数据。2018 年，60% 的受访者从未听说过 FAIR 原则，2020 年这个数字下降到 39%，整体熟悉度从 15% 上升到 24%。55% 的受访者认为，共享数据应成为授予资助的要求之一。只有 13% 的受访者认为，研究人员获得了足够的声誉（Credit）来共享数据，而 59% 的受访者认为他们获得的声誉过少。

四、科学数据在新型冠状病毒肺炎疫情防控中发挥重要作用

2019 年年底新冠肺炎疫情暴发以来，国际组织、各国政府和研究机构纷纷开放并分享相关科学数据，为支持全球联合抗疫、疫苗研制和公共卫生安全应急保障体系建设等提供了重要支撑，充分体现了科学数据开放、共享和利用的重要性及迫切性。在此背景下，一系列医疗卫生数据政策纷纷出台，联合国、国际移民组织、国际电信联盟、世界粮食计划署和世界卫生组织等发布《关于 COVID-19 疫情应对中数据保护和隐私的联合声明》等文件，推动在新冠肺炎疫情应对中以尊重隐私权和其他人权的方式使用数据与技术，支撑全球新冠肺炎疫情防控。

与此同时，各国际组织纷纷利用开放的科学数据团结协作，攻坚克难，消除公众恐慌情绪，保障人类生命健康，并高效给予各国政府防控措施建议，挽救了数百万人的生命。①国际数据委员会（CODATA）、研究数据联盟（RDA）、世界数据系统（World Data System，WDS）等国家组织及 GO FAIR 计划合作发展国际科学数据联合体（Data Together）（图 1.2），2020 年 3 月发布《应对冠状病毒数据联合行动声明》，该倡议提出，要优化数据生态系统，在疫情监测分析、病毒溯源、防控救治、资源调配等方面发挥支撑作用，激发出科学数据深层次价值，支持由 GO FAIR 计划建设的病毒疫情数据网络（Virus Outbreak Data Network，VODAN）和 RDA 下设的新冠病毒肺炎工作组等开展深度合作。② RDA 应欧盟委员会要求，专门成立了 COVID-19 数据工作组，组织 600 多名专业数据人士和领域专家制定 COVID-19 数据共享建议和指南。③美国约翰斯·霍普金斯大学制作了"全球新冠病毒扩散地图"，集成了来自世界卫生组织、美国疾控中心、全球实时统计网（Worldometers.info）、荷兰 BNO 新闻

通讯社及各国政府和卫生部门等的数据，自 2020 年 1 月 22 日起通过可视化方式向公众展示全球新冠肺炎疫情统计数据，并采用随机集合种群流行病模拟工具模拟疫情动态和疫情进展，有力支撑了美国的疫情防护工作。

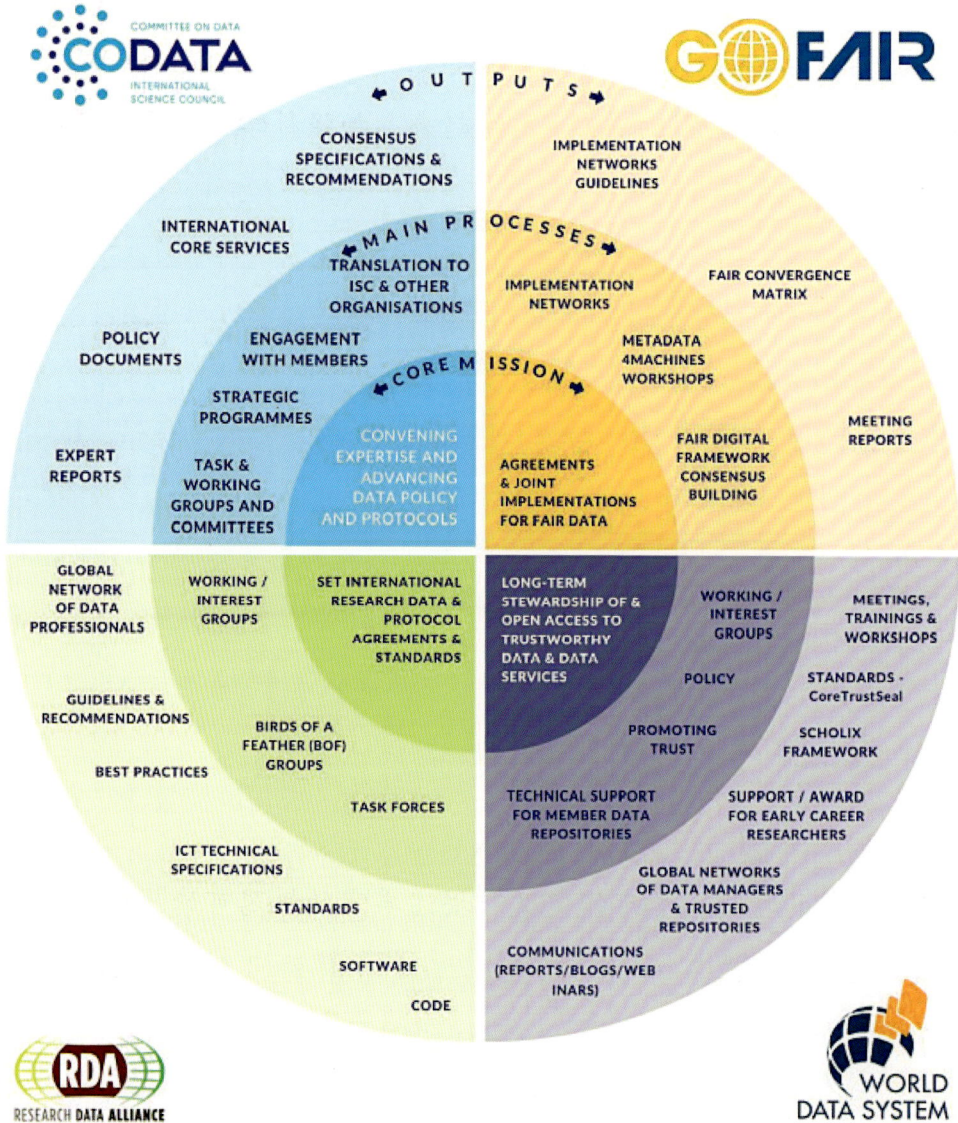

图 1.2　国际科学数据联合体（Data Together）

应对冠状病毒数据联合行动声明

新冠肺炎疫情的暴发考验全球科学系统及科学数据等研究基础设施。开放科学、开放数据不仅应该满足日常的科学研究、人类活动等需求，更应该在危机时刻能够实时、高质量地响应大规模的需求。因此，CODATA、GO FAIR、RDA 和 WDS 认为有必要联合发出倡议，团结起来，加强科学数据平台、科研基础设施建设，发展基于 FAIR 原则的核心服务，最大限度组织和利用多源数据，促进细粒度数据访问和保护，支持分布式或机器辅助的数据分析利用，让数据服务抗击新冠病毒，且能够面向未来兼顾科学研究可持续利用。

基于 FAIR 原则面向开放科学的 COVID-19 数据平台应考虑以下几个方面。

①多数 COVID-19 相关数据包含个人信息，具有高度敏感性，多数数据管理机构限制敏感数据、个人信息的访问。因此，应基于 FAIR 原则开放数据，尽可能实现 CODATA 数据开放的原则，即"尽可能开放，必要时封闭"。

②集中式数据管理和利用模式是行不通的，应针对数据天然分布式的特性，尽可能定义和描述丰富的机器可读、可操作的元数据以支持可控的分析或可视化等计算访问。

③与疫情有关的大量数据正在源源不断地产生，虚假和误导性信息广泛传播、数据质量难以保证等方面成为严峻挑战，需要相应的保障机制。

④需要进一步强化分布式深度学习方法的研究和利用，提

升与 FAIR（元）数据协同高效计算和服务的能力。

⑤发展能够客观评估新声明和信息的社区注释系统，依靠可信赖的专家审查与 COVID-19 干预措施相关的声明。

⑥任何特定的公共或私人组织都不应垄断应用程序或 FAIR 生态系统，因此应把组件的质量控制和基准认证计划纳入工作内容。

COVID-19 数据工作组

RDA 新冠病毒肺炎工作组的总体目标是明确新冠病毒肺炎环境下数据共享的详细准则，帮助利益相关者遵循最佳做法，最大限度地提高工作效率。帮助决策者和资助者及时、高质量地分享数据，对卫生紧急情况，特别是 COVID-19 做出适当反应；解决研究人员、政策制定者、资助者、出版商和数据共享基础设施提供商的利益问题。该工作组关注临床、社区参与、流行病学、组学和社会科学 5 个主题，并发表 RDA 新冠病毒肺炎（RDA COVID-19）数据共享建议和指南的第一个版本。

RDA COVID-19 数据共享建议和指南特别强调数据在新冠病毒肺炎应急响应期间发挥的重要作用：①及时、可信地共享临床数据，最大限度发挥医疗措施和临床研究在应急响应期间的影响；②鼓励人们在发表论文的同时发表其数据（尤其涉及组学数据时）；③流行病学数据是早期应对公共卫生战略和措施的基础，在流行病研究中为重要社会行为数据提供指导；④验证数据软件及分析数据的重要性，提供指导意见和最佳实践；⑤提供一般性指导，并在类似紧急情况下利用与数据收集、分析和共享有关的道德框架；⑥从社区参与的角度看数据管理和共享问题，重点涉及技术、社会、法律和伦理等方面。

　　我国通过快速公开共享疫情数据、研制疫情数据标准规范及开发疫情分析服务平台等方式，积极服务于全球疫情防控工作。疫情发生后，中国第一时间向世界卫生组织、有关国家（地区）组织主动通报疫情信息，分享新冠病毒全基因组序列信息和新冠病毒核酸检测引物探针序列信息。国家科学数据中心发布"2019新型冠状病毒资源库"建成"新型冠状病毒国家科技资源服务系统""新型冠状病毒肺炎科研文献共享平台"等多个数据开放和服务平台。同时，运用大数据、人工智能等新技术开展防控，利用大数据技术绘制"疫情地图"，通过社区名称、地址和位置，标明疫情传播具体地点、距离、人数等，为公众防范传染提供方便。在全力做好疫情防控的同时，建立严格且专业高效的信息发布制度，以及持续、权威、清晰的疫情信息，有效回应了公众关切、凝聚了社会共识，为其他国家提供了参考和借鉴。

第二章 科学数据资源整合与应用服务体系初步形成

国家科学数据中心是科技创新基地，是科技创新体系的重要组成部分，为科技创新提供基础支撑与条件保障。2019 年，科技部、财政部在原有国家科技资源共享服务平台基础上，通过优化、调整，组建首批国家科学数据中心。经过两年发展，国家科学数据中心在广泛汇聚领域科学数据、积极开展科学数据共享服务等方面取得积极成效，为各部门 / 省市建设科学数据中心提供了重要参考。

一、优化调整形成 20 个国家科学数据中心

国务院办公厅 2018 年印发的《科学数据管理办法》（国办发〔2018〕17 号）第 18 条明确提出，"国务院科学技术行政部门应加强统筹布局，在条件好、资源优势明显的科学数据中心基础上，优化整合形成国家科学数据中心"。同时提出，"科学数据中心是促进科学数据开放共享的重要载体"，其主要职责包括"承担相关领域科学数据的整合汇交工作；负责科学数据的分级分类、加工整理和分析挖掘；保障科学数据安全，依法依规推动科学数据开放共享；加强国内外科学数据方面交流与合作"。

2019 年 6 月，《科技部 财政部关于发布国家科技资源共享服务平台优化调整名单的通知》（国科发基〔2019〕194 号），落实《科学数据管理办法》和《国家科技资源共享服务平台管理办法》的要求，完善科

技资源共享服务体系，推动科技资源向社会开放共享，科技部、财政部对原有科学数据类国家科技资源共享服务平台进行优化调整，形成"国家高能物理科学数据中心"等首批国家科学数据中心（表 2.1）。

表 2.1 国家科学数据中心名单

序号	科学数据中心名称	依托单位	主管部门
1	国家高能物理科学数据中心	中国科学院高能物理研究所	中国科学院
2	国家基因组科学数据中心	中国科学院北京基因组研究所	中国科学院
3	国家微生物科学数据中心	中国科学院微生物研究所	中国科学院
4	国家空间科学数据中心	中国科学院国家空间科学中心	中国科学院
5	国家天文科学数据中心	中国科学院国家天文台	中国科学院
6	国家对地观测科学数据中心	中国科学院遥感与数字地球研究所	中国科学院
7	国家极地科学数据中心	中国极地研究中心	自然资源部
8	国家青藏高原科学数据中心	中国科学院青藏高原研究所	中国科学院
9	国家生态科学数据中心	中国科学院地理科学与资源研究所	中国科学院
10	国家材料腐蚀与防护科学数据中心	北京科技大学	教育部
11	国家冰川冻土沙漠科学数据中心	中国科学院西北生态环境资源研究院	中国科学院
12	国家计量科学数据中心	中国计量科学研究院	市场监管总局
13	国家地球系统科学数据中心	中国科学院地理科学与资源研究所	中国科学院
14	国家人口健康科学数据中心	中国医学科学院	卫生健康委
15	国家基础学科公共科学数据中心	中国科学院计算机网络信息中心	中国科学院
16	国家农业科学数据中心	中国农业科学院农业信息研究所	农业农村部
17	国家林业和草原科学数据中心	中国林业科学研究院资源信息研究所	林草局
18	国家气象科学数据中心	国家气象信息中心	气象局
19	国家地震科学数据中心	中国地震台网中心	地震局
20	国家海洋科学数据中心	国家海洋信息中心	自然资源部

国家科学数据中心是科学数据的资源中心、产品研发中心、数据服务中心和数据评估中心。①国家科学数据中心作为科学数据资源中心，要按照学科领域明确数据资源体系架构和资源范畴，持续开展战略性、基础性科学数据汇聚与长期保存，多渠道收集优质数据资源，拓展数据整合汇聚途径和方式，不断提升数据资源集中度。②作为产品研发中心，要开展科学数据的综合集成与治理技术研究，研发科学数据分析挖掘与综合利用所需的共性技术、软件工具，提升资源挖掘利用能力，形成高附加值的科学数据产品。③作为数据服务中心，要聚焦国家重大发展战略、科技创新热点、民生发展等重大需求，加强专题化的数据资源综合集成与服务。逐步提升全球数据服务能力，打造具有国际影响力的科学数据中心。④作为数据评估中心，要紧密跟踪国际发展趋势和研究重点，提高判识、诊断、评估本学科领域数据资源质量的能力，具备面向不同用户需求发布基于数据分析的预测和预警能力。

国家科学数据中心是科技部、财政部长期推动科学数据管理与开放共享工作的重要成果。2004年，科技部、财政部联合启动国家科技基础条件平台建设专项，重点推动公共财政在地球系统、人口与健康、农业、林业、气象、地震、基础科学、海洋等8个领域建成了国家科技资源共享服务平台，基本覆盖相关领域的科技资源优势单位，初步形成了一批资源优势明显的科学数据中心，实现了众多学科领域科学数据的汇交整合与开放共享。2019年6月，科技部、财政部在原有科学数据类国家科技资源共享服务平台基础上，进一步形成20个国家科学数据中心。

二、推动多个学科领域的科学数据资源持续整合与积累

国家科学数据中心主要分布在地球科学、生物学、物理学、天文学、农学、林学、医学、材料科学等重点学科领域，各中心根据学科领域特

点建立科学数据资源体系，开展数据资源收集与整理，坚持面向世界科技前沿、面向经济主战场、面向国家重大需求、面向人民生命健康，初步形成了科学数据资源开放共享与应用服务体系（表2.2）。

表2.2 国家科学数据中心内容简介

序号	国家平台名称	主要内容
1	国家高能物理科学数据中心	面向高能物理领域科研活动，实现数据资源、软件工具、数据分析等资源能力的汇交和共享。该数据中心与国内外相关领域的大型数据中心建立广泛的合作，拥有先进的高能物理数据资源平台，包含近20 PB存储空间、数万CPU核的计算能力、万兆国际网络链路和完善的信息化支撑系统
2	国家基因组科学数据中心	围绕人、动物、植物、微生物等基因组数据，重点开展数据库体系及数据资源建设，促进基因组科学数据开放共享，支撑国家科技创新和经济社会发展
3	国家微生物科学数据中心	推进微生物领域数据资源向国家平台汇聚与整合，开展微生物资源开放利用与分析挖掘，提升微生物数据有效利用效率和科技创新支撑能力，提供基因组学数据统一存储、整合挖掘、共享应用的一站式数据服务
4	国家空间科学数据中心	持续汇聚、整理、保存与发布空间科学先导专项、子午工程、探月工程、北斗导航系统等我国重大科学任务计划/科技基础设施形成的科学数据资源，开展特色数据产品制作，建有资源体系完善、物理要素齐全、时空覆盖完备、数据质量可靠的领域资源库，为空间科学创新研究与行业应用提供全面的数据支撑
5	国家天文科学数据中心	汇交管理、整编、集成天文学科领域天文观测数据、数值模拟数据的科学数据，制定相关标准规范，建设天文数据资源体系，优化完善天文数据开放共享服务平台，提供多元数据服务，建立数据挖掘分析与学科应用平台，促进天文学科领域科学数据的深度应用
6	国家对地观测科学数据中心	开展国家对地观测科学数据资源的汇集、管理、分析挖掘、共享服务，实现全局元数据统一发现、精选遥感数据集中存储、国际优质遥感数据本地化镜像等
7	国家极地科学数据中心	以南极和北极科学数据为主要收集和保存对象，涉及冰雪、地质、地球物理、海洋、气象、化学、生物、环境、天文、空间物理等多个学科，为科学研究、国家战略和社会公益提供多元化的数据服务
8	国家青藏高原科学数据中心	以青藏高原及周边地区各类科学数据为主，整合大气、冰冻圈、水文、生态、地质、地球物理、自然资源、基础地理、社会经济等数据资源，为青藏高原环境变化研究、区域生态安全屏障体系优化、生态环境保护、绿色发展和国家安全提供数据服务

序号	国家平台名称	主要内容
9	国家生态科学数据中心	以生态系统观测研究数据为核心,整合台站—区域—全国生态系统观测研究数据产品,形成我国生态系统观测研究领域时间最长、最具特色的科学数据与科技资源库,促进大数据驱动的生态学科研模式创新,服务于我国生态学科发展和生态文明建设
10	国家材料腐蚀与防护科学数据中心	长期持续开展黑色金属、有色金属、建筑材料、涂镀层材料及高分子材料等五大类科学数据整合汇交、加工整理、开放共享。建成覆盖我国典型环境特征的材料服役数据生产积累平台,基于多传感器物联网技术和无线通信技术,建立智能化材料服役大数据采集与共享网络平台
11	国家冰川冻土沙漠科学数据中心	基于寒区旱区冰川、冻土、沙漠、大气、水土、生态、环境、资源等研究特色,收集和保存的数据资源涵盖野外观测、调查分析、汇交镜像、加工生产等多种来源的科学数据,形成系列科学数据采集、管理、共享、应用服务系统
12	国家计量科学数据中心	收集、整理、存储我国计量领域的科学数据,包括标准参考数据、计量科研数据、计量基标准数据、计量检测数据、计量信息数据等,发布权威计量数据产品,提供精准、安全、可靠、可信的计量科学数据服务
13	国家地球系统科学数据中心	按照"圈层系统—学科分类—典型区域",多层次开展数据资源的自主加工与整合集成,已建成涵盖大气圈、水圈、冰冻圈、岩石圈、陆地表层、海洋及外层空间的 18 个一级学科的国内规模最大的地球系统科学数据库群
14	国家人口健康科学数据中心	覆盖生物医学、基础医学、临床医学、公共卫生、药学、中医药学、生殖与人口健康等专业领域。面向全社会提供人口健康数据全生命周期管理、数据汇交、数据认证、长期保存、分析挖掘、数据安全、开放共享服务等核心功能
15	国家基础学科公共科学数据中心	科学数据资源覆盖八大基础学科、三大区域和部分基础前沿领域,系统整合形成了 21 个主题库和专题库,基于自产数据和公开数据融合加工的增值产品,形成了完善的跨学科综合数据资源体系、技术体系、标准体系和服务体系
16	国家农业科学数据中心	汇聚作物科学、动物科学与动物医学、渔业科学、热作科学、草业科学、资源与环境、食品营养与加工、植物保护、农业工程等十二大学科领域科学数据,构建全国农业领域科学数据资源涉及学科最广、数据量最大、辐射能力最强的数据资源服务平台
17	国家林业和草原科学数据中心	收集整合森林、湿地、荒漠、林业生态环境等 12 个领域的调查观测、监测评估等基础科学数据,提供在线、离线、专题数据产品等数据共享服务,推进林草科学数据的开放和利用

序号	国家平台名称	主要内容
18	国家气象科学数据中心	整合气象档案数字化资源、行业汇交数据资源、科学专题数据资源、基础气象数据资源及网格化产品数据资源等，建设我国存量最多、产品最丰富、种类最多、质量最好的气象科学数据平台
19	国家地震科学数据中心	聚焦与地震相关的固体地球物理学、大地测量学、地质学和地球化学等学科领域，开展全国测震、强震动、地磁、地电、形变、重力等观测数据汇集、整合和分析挖掘，开展数据质量控制、评估方法及数据产品加工处理算法的研究等，向国内外高校、院所、企业等提供地震科学数据和信息服务
20	国家海洋科学数据中心	收集整合覆盖海洋全学科、全业务领域的基础数据，包括涉海项目数据、海洋站实时数据、海域海岛检测数据、海洋预报减灾数据等，面向科研人员、涉海部门和社会公众，提供标准统一、权威便捷、开放安全的多元化数据共享服务

国家科学数据中心充分利用在学科领域的数据资源优势，面向国家在科学研究、应用研究、技术创新和经济发展中对科学数据的需求，对分散的数据资源按照领域科学数据资源体系总体规划与设计要求进行加工整理，不断拓宽数据资源覆盖的学科领域，继续推动科学数据资源的持续积累和开放共享。多个国家科学数据中心通过新增数据种类，梳理领域数据，加强科学数据中心资源体系规划，构建科学数据资源体系，形成覆盖多领域的数据资源目录与领域资源库。

①国家农业科学数据中心在原有分类分级体系基础上，升级建立了一个面向应用、结构合理、内容完整、准确权威的农业科学数据资源分类分级体系，完善了农业科学数据资源目录和数据更新维护机制，形成了由与农业相关的 12 个一级学科分类、54 个二级学科分类构成的农业数据资源体系。

②国家基础学科公共科学数据中心立足于物理、化学、材料、动物、植物、病毒、重点区域、前沿学科等学科方向的数据资源，面向基础研究相关学科领域汇交、整编、集成科学数据资源，在已覆盖 17 类一级学

科的基础上，继续扩大二级学科和三级学科的数据覆盖范围，致力于形成基础学科数据资源系统化汇聚高地，建设学科领域大数据簇群。

③国家海洋科学数据中心通过对已有数据资源和业务资源的梳理，提升数据服务应用能力。数据资源包括海洋环境数据、海洋地理信息产品和海洋专题成果三大类，时空范围覆盖 1662 年至今的全球海域，业务领域包括国内业务化观（监）测、海洋专项调查、国际交换与合作、大洋科考、极地考察，以及海洋经济、海域海岛、海洋生态和海洋预报减灾等，学科涉及海洋自然科学和社会科学全领域，形成了完善的海洋数据资源体系。

④国家天文科学数据中心根据天文领域的科学数据资源特点，以观测波段为主线，以装置和计划、子学科、数据产生方式、生产年代、用户对象为副线，同时注重天文数据的深度价值挖掘，汇聚原始数据、一级数据、二级数据等不同级别的星表、星图、光谱、数据体等类型数据，构建了多维度的天文科学数据资源体系，通过资源与挖掘相结合，丰富了天文数据资源的交流与使用。

三、部门/省市积极推动科学数据中心落地实施

国家科学数据中心的运行建设有效带动了部门及省市科学数据中心的建设运行。随着各类科学数据管理配套实施政策的不断完善，各部门机构和地方政府通过建立政策机制、设立专项项目及组建职能机构等方式将科学数据中心建设付诸行动。

2019 年年初，中国科学院依据《中国科学院科学数据管理与开放共享办法（试行）》，启动中国科学院科学数据中心体系建设项目，旨在建设以"总中心—学科中心—所级中心"三类科学数据中心为核心，通过安全体系、运行体系和评价体系共同保障与驱动的一体化科学数据中

心网络。截至 2020 年年底，中国科学院已正式发文成立了院科学数据中心体系专家委员会，初步建成由 1 个总中心、18 个学科中心和 16 个优秀所级中心组成的院科学数据中心体系，其中该部门承建的 11 个国家科学数据中心直接纳入院首批 11 个学科中心，实现国家和院级科学数据中心的有机深度融合。

2020 年 12 月 29 日，甘肃省科学技术厅印发《关于 2020 年度甘肃省科学数据中心立项建设的通知》，明确以国家冰川冻土沙漠科学数据中心为依托建立"甘肃省科学数据总中心（甘肃省生态环境科学数据中心）"、以兰州大学为依托建立"甘肃省气候变化科学数据中心"、以甘肃省地震局为依托建立"甘肃省自然灾害科学数据中心"，初步形成了"1 个科学数据总中心 +3 个领域科学数据中心"第一期布局。明确省科学数据中心要根据相关政策要求制定 5 年建设运行实施方案，进一步明确功能定位和目标任务，梳理本领域科学数据资源体系架构，推进相关领域、单位科学数据资源向中心汇聚和整合，强化科学数据开发应用与分析挖掘利用，提升科学数据使用效率和科技创新支撑能力。

江苏省计划由科技资源统筹服务中心建设数据中心，运用云计算、大数据等新一代信息技术，构建网络、业务应用、安全管理等基础支撑平台和系统运维保障服务体系，建成统一的江苏科技资源统筹服务基础保障服务平台，保障现有科技资源集聚和资源数据化、数据效能化，保障现有系统的业务集成和协同应用。贵州省规划建立超算中心、生物医学大数据中心、SKA 数据中心（中文）、遥感数据中心、科技文献数据中心等 5 个科学数据中心，同时通过积极走访调研和洽谈合作规划，完善科学数据中心的建设方案。

重庆市科技局计划实行市科学数据中心、行业主管部门科学数据分中心、有关单位科学数据库等多级管理，按照统一的数据规范和管理标准，推进该市各行业科学数据资源共享。同时，规划建设科学数据中心平台门户系统，用于科学数据信息发布和网络管理；引导和鼓励有条件的专业机构按照相关规范合理利用和整理挖掘科学数据，开发有价值的科学数据产品，通过平台向社会提供服务，促进数字经济发展。

第三章　科学数据服务新型冠状病毒肺炎疫情防控

　　新型冠状病毒肺炎是近百年来人类遭遇的影响范围最广的全球性大流行病。疫情暴发后，国家科学数据中心和相关研究机构及时收集新型冠状病毒肺炎科学数据、研发病毒分析工具平台并全球公开共享，为病毒研究、疫苗研制提供全面的支持；同时，国家科学数据中心还积极收集疫情相关数据、开发疫情综合服务平台，为安定民心、全社会团结抗击疫情提供了重要支撑。

一、新型冠状病毒肺炎疫情相关科学数据快速公开共享

　　新型冠状病毒肺炎疫情暴发后，国家科学数据中心和相关研究机构快速收集并公开共享新型冠状病毒肺炎疫情相关科学数据，在支撑世界各国开展病毒研究、疫苗研发和疫情防控等方面发挥了重要作用。与疫情相关的科学数据主要分为 4 种类型：一是病原学数据，主要包括国内外新型冠状病毒基因组序列信息、元信息、病毒毒株信息、电镜照片、检测方法、蛋白质晶体结构数据等；二是流行病学数据，主要包括国内新冠肺炎确诊病例数据、死亡病例数据和核酸检测阳性数据等；三是临床数据，主要包括新冠肺炎临床病例数据、临床全病例数据、发热患者临床数据、临床试验数据等；四是综合服务关联数据，主要包括新冠肺炎疫情防控数据、遥感数据、气象数据、新冠肺炎最新研究文献、SARS等历史研究资料及相关标准等。新型冠状病毒肺炎疫情相关科学数据如表 3.1 所示。

表 3.1　新型冠状病毒肺炎疫情相关科学数据

资源类型	资源名称	内容简介
病原学数据	全基因组序列数据	2020 年 1 月 12 日，中国疾控中心、中国医学科学院、中国科学院武汉病毒研究所（国家基础学科公共科学数据中心中国病毒资源基础数据库建设单位）作为国家卫生健康委指定机构，向世界卫生组织 WHO 提交新型冠状病毒基因组序列信息，在全球流感共享数据库（GISAID）发布，实现全球共享
	2019 新型冠状病毒信息库	国家基因组科学数据中心 2020 年 1 月 22 日发布 2019 新型冠状病毒信息库（2019 nCoVR），整合了全球流感病毒数据库（GISAID）、美国国家生物技术信息中心（NCBI）、深圳（国家）基因库（CNGB）等公开发布的新型冠状病毒基因组序列数据、元信息、学术文献、新闻动态、科普文章等信息，基于不同冠状病毒株的基因组序列开展了新型冠状病毒基因组变异分析并提供结果的可视化展示
流行病学数据与临床数据	2020 年武汉地区新冠疑似病例样本信息基础数据集	数据集包含了武汉市大量疑似样本的一线基础数据，时间跨度从 2020 年 1 月到 2020 年 7 月，地理覆盖范围涵盖了 2020 年新型冠状病毒肺炎疫情暴发重疫区，数据资源主要来自临床，包括样本背景信息、采集、转运、保藏及检测结果信息
	新冠肺炎临床数据库与流行病学数据库	国家人口健康科学数据中心依托武汉大学等单位建立和发布了新冠肺炎临床数据库，以及中国疾病预防控制中心传染病网络报告系统全国 31 个省和新疆建设兵团的所有报告病例数据等整合形成，内容包括确诊病例、疑似病例、阳性检测病例等流行病学数据
	新型冠状病毒肺炎术语集等	国家人口健康科学数据中心和中国医学科学院医学信息研究所持续收集、整理并先后发布《全国新型冠状病毒肺炎定点医疗机构和发热门诊汇总数据集》、《全国新型冠状病毒肺炎疫情心理援助热线数据集》和《新型冠状病毒肺炎术语集》

续表

资源类型	资源名称	内容简介
综合服务关联数据	中国 GEO 应对新型冠状病毒肺炎成果汇编	国家对地观测科学数据中心积极响应地球观测组织 GEO 号召，组织协调超过 10 个卫星计划、30 颗卫星和 120 次封城期间覆盖武汉地区的遥感数据获取，标准化整理和发布了我国 15 个科研团队基于地球观测技术应对新型冠状病毒肺炎的成果，组织编制《遥感纪实·武汉封城 76 天》专辑
	新型冠状病毒肺炎疫情主题库	国家地球系统科学数据中心收集整合了疫情动态、疫情资讯、疫情科普等信息，从疫情地图、专题分析、疫情防控、主题视频、疫情大事记等多维度进行分析，整合发布了"新型冠状病毒肺炎疫情主题库"
	新型冠状病毒肺炎专栏	国家病原微生物资源库建设新型冠状病毒肺炎专栏，整合发布包括知识天地、疫情动态、技术方案、新冠疫苗、联防联控、疾控人在行动、新闻采访、文献报道、世卫信息等多方面的内容
	雷电监测数据	国家空间科学数据中心在疫情期间实时发布湖北省武汉市天河国际机场及武汉市火神山、雷神山医院周边雷电活动情况数据，协助开展雷电监测和预报预警工作；同时为湖北省气象局开通专用雷电监测数据实时共享服务，提供历史数据查询和数据统计分析服务等
	气象数据	国家气象科学数据中心积极组织并发布了全球新型冠状病毒肺炎重点疫区地面资料日值数据集，内容包含了全球新型冠状病毒肺炎疫情重灾区国家（疫情人数大于 1000 人）的温度、气压、风速、降水观测数据。同时，针对疫情发生重要城市，整合多要素实况、预报等资料，借助"双微"等媒体宣传平台，发布《疫情气象服务快报》共 49 期，累积获得超过 57 万阅读量；利用微信小程序发布每日疫情数据

二、新型冠状病毒肺炎疫情数据服务平台在抗疫中发挥重要作用

1. 新型冠状病毒国家科技资源服务系统

新型冠状病毒国家科技资源服务系统（https://nmdc.cn/nCov）由国家微生物科学数据中心和国家病原微生物资源库联合中国疾病预防控制中

心等多家单位共同建设的。疫情暴发后，系统第一时间权威发布毒株资源及其科学数据，包括毒株资源保藏、电镜照片、检测方法、基因组、科学文献等综合信息。系统不仅具备毒种信息、引物信息、全球冠状病毒序列信息查询及分析等功能，还为应对因新型冠状病毒感染的肺炎疫情防控提供科技资源专题服务。随着新型冠状病毒科研工作的进展，系统持续发布关于新型冠状病毒科技资源和科学数据的权威信息，为新型冠状病毒科学研究提供支撑。

2020 年年初，中国疾病预防控制中心病毒病预防控制所成功分离的我国第一株病毒毒种信息及其电镜照片、新型冠状病毒核酸检测引物和探针序列等重要权威信息通过该系统在国内首次正式发布，引起国内外广泛关注。系统开通 3 小时后，美国有线电视新闻网（CNN）就报道了该系统公布的新冠病毒毒株信息和电镜照片，1 月 27 日央视新闻联播报道国家疾控中心通过该服务系统发布毒株信息并配播网站画面。据不完全统计，系统为全球 177 个国家（地区）45.5 万名用户提供了 1322 万次数据浏览和检索，其中境外 176 个国家 7.2 万名国际用户访问 181.3 万次。国务院联防联控四次发布会和中国政府《抗击新冠肺炎疫情的中国行动》白皮书介绍了该系统的工作，2020 年 11 月 23 日该系统入选乌镇世界互联网大会全球 15 项世界互联网领先科技成果（图 3.1、图 3.2）。

图 3.1　第一株分离自人体的新型冠状病毒毒株信息及电镜照片

图 3.2 第一株分离自环境样本的新型冠状病毒毒株信息及电镜照片

2. 新型冠状病毒肺炎数据共享系统

国家人口健康科学数据中心发布新型冠状病毒肺炎数据共享系统（https://www.ncmi.cn/covid-19/），以科学数据为基础，以官方报告为外延，收集整合新型冠状病毒相关研究文献数据库、临床试验数据库、疫情报告数据库、疫苗数据库、病毒序列数据库、药物数据库、防护指南数据库、标准规范数据库、政策法规数据库、媒体资源数据库、防护知识数据库等多重数据资源，协同推进新型冠状病毒相关科技资源与信息开放和共享，服务新型冠状病毒防控科研攻关。

国家人口健康科学数据中心组织编制了《新型冠状病毒肺炎临床数据元》、《新型冠状病毒肺炎数据安全指南》和《新型冠状病毒肺炎数据共享系统基本功能规范》等标准规范。《新型冠状病毒肺炎临床数据元》明确了新型冠状病毒肺炎临床相关数据元的分类及具体说明，可用于新型冠状病毒肺炎临床电子病历数据库的设计与开发。《新型冠状病毒肺炎数据安全指南》明确了新型冠状病毒肺炎数据所有者在保护新型冠状病毒肺炎数据时应采取的安全措施。可用于指导新型冠状病毒肺炎数据所有者对相关数据进行安全保护，也可供新型冠状病毒肺炎、网络安全相关主管部门及第三方评估机构等组织开展新型冠状病毒肺炎数据的安全监督管理与评估等工作。《新型冠状病毒肺炎数据共享系统基本功能规范》规定了新型冠状病毒肺炎数据共享系统及其临床数据管理、随访管理、药物临床、数据共享管理等功能单元的基本功能要求，可用于新型冠状病毒肺炎数据共享系统的规划、设计、开发、部署和应用。

3. 2019 新型冠状病毒信息库系统

国家基因组科学数据中心于 2020 年 1 月 22 日发布国际首个综合性新型冠状病毒数据库系统"2019 新型冠状病毒信息库"（https://ngdc.cncb.ac.cn/ncov/），整合全球多个机构发布的新型冠状病毒基因组序列数据、学术文献等信息，内容包括六大类、20 余项功能，主要有非冗余基因组序列的整合和质控、基因组变异分析和时空分布展示、病毒演化与动态跟踪、在线工具、临床信息、文献情报等，不但可以检索全球发布的新型冠状病毒序列、过滤高质量序列信息，获取病毒变异、注释信息，还可以在线分析病毒序列、动态可视化展示病毒演化及传播关系，为新型冠状病毒分子溯源、演化传播的动态监测等提供服务与支撑。

新型冠状病毒信息库实时更新，始终保持全球最新、最完整的新型冠状病毒基因组数据发布动态，是全球收录信息最全的新型冠状病毒序列信息库之一。截至 2020 年 12 月，已收录全球 30 多万条非冗余的新型冠状病毒基因组序列信息，为全球 175 个国家（地区）近 20 万用户提供数据服务，访问量超 50 万次，国外访客占比达 60%，累计数据下载超 2.2亿条。该数据库被列入国家《抗击新冠肺炎疫情的中国行动》白皮书，被新华社、中央电视台、中国日报等多家媒体报道。数据库链接被美国国家生物技术信息中心（NCBI）、韩国国家生物信息中心、爱思唯尔出版集团（Elsevier）等数十家国际知名网站添加，研究内容被《柳叶刀》等高水平期刊引用 200 余次，得到国际同行高度认可。

4. 新型冠状病毒肺炎科研文献共享平台

国家微生物科学数据中心和国家基因组科学数据中心共同参与、联合中国科学院传播局等多个单位协作完成和发布的"中国科学院新型冠状病毒肺炎科研文献共享平台"中英文版于 2020 年 3 月 30 日正式上线服务。该系统汇聚了中国科学院科研人员发表的和中国科学院 300 余本科技期刊正式录用的新型冠状病毒肺炎论文，集成了支撑文献的核酸序列、菌毒种信息、晶体结构等科学数据资源，并通过网络平台提供一站式浏览、检索、共享服务。

5. "一带一路"国际科学组织联盟疫情预测信息平台

国家青藏高原科学数据中心和香港城市大学合作，研发了"一带一路"国际科学组织联盟疫情预测信息平台（ANSO Pandemic Forecast Information Platform，ANSO-PFIP），通过数据同化等贝叶斯估计理论，采用混合模拟方式，初步形成智能的"数据→知识→决策"疫情信息提取与预测体系，能够提供全球 202 个国家（地区）的疫情短期预报数据和中长期预报信息，即时预报精度达到 90%，入选《2021 世界互联网领先科技成果手册》。

第四章　科学数据资源汇聚与管理

随着高质量科学数据资源持续向国家科学数据中心汇聚，科学数据中心已经成为我国数据资源管理和汇集的重要基地。多个部门、省市相继发布科学数据管理与共享政策，持续推动各领域、区域科学数据开放共享。经过一年多的建设，国家科学数据中心能够开放和共享的资源总量快速增长。同时，形成了一批高质量数据库产品，为全球用户提供服务。

一、科学数据中心成为高质量科学数据资源的汇聚管理基地

科学数据中心是开展数据管理和共享服务的重要基础设施，也是实现数据汇集、管理、存储和共享的专业化机构。而国家科学数据中心的建设带动了优质科学数据资源的统一汇聚和统筹管理，数据规模逐年扩大，资源整合能力不断提升。据不完全统计，截至 2020 年年底，20 个国家科学数据中心整合的数据总量达到 104.1 PB（表 4.1）。

表 4.1　20 个国家科学数据中心数据资源情况

序号	名称	资源总量	2019 年度新增数量	2020 年度新增数量
1	国家高能物理科学数据中心	累计产生数据量 17.78 PB	2019 年度新增数据量约 2.4 PB，其中大型高海拔宇宙线观测（LHAASO）实验数据 1.6 PB，北京正负电子对撞机（BEPC Ⅱ／BES Ⅲ）实验数据 0.48 PB，大亚湾中微子（DayaBay）实验数据 0.2 PB，其他实验数据 0.12 PB	2020 年度新增数据量约 3.71 PB，其中大型高海拔宇宙线观测（LHAASO）实验数据 1.83 PB，北京正负电子对撞机（BEPC Ⅱ／BES Ⅲ）实验数据 1.1 PB，大亚湾中微子（DayaBay）实验数据 0.7 PB，其他实验数据 0.08 PB

序号	名称	资源总量	2019 年度新增数量	2020 年度新增数量
2	国家基因组科学数据中心	资源总量超过 8.6 PB	2019 年度 GSA 归档数据 1.9 PB，GWH 归档基因组组装数据 733 条，GVM 收录 8 个物种 29 个项目 394 个个体共计约 1.2 亿条变异数据信息	2020 年度新增数据递交用户 422 人，归档数据 4 PB，与 2019 年度相比实现了数据量的翻倍
3	国家微生物科学数据中心	资源总量超过 3 PB，记录数超过 40 亿条	2019 年度新增数据量 500 TB，新增数据集 107 个，数据来源主要包括国际用户的微生物菌种资源、微生物模式基因组、微生物组等数据，以及国内从事微生物研究的数十家单位汇交的微生物遗传资源数据等	2020 年度新增数据量 500 TB，新增数据集 107 个
4	国家空间科学数据中心	累计完成 887 个数据集的归档与保存，数据资源总量约 1.7 PB，记录数达 2.45 亿条	2019 年度持续面向空间科学先导专项、子午工程、探月工程等 5 个重大专项任务的 12 个科学项目，以及国家重点研发计划、自然科学基金等 11 个科学项目开展数据汇交工作，新增 76 个数据集，持续更新 177 个数据集，新增数据资源量 89.45 TB，历史回溯数据 148.4 TB	2020 年度持续整合 38 个科技计划项目产生的科学数据，新增数据集 410 个，新增数据资源 224.92 TB，历史回溯数据 430.5 TB
5	国家天文科学数据中心	归档保存天文领域资源总量为 27.78 PB，数据记录数超过 16.6 亿条	2019 年度新增数据量 8.67 PB，历史回溯数据 411.39 TB。具体包括 LAMOST 光谱巡天数据、丽江 2.4 米望远镜数据、兴隆 2.16 米望远镜数据、兴隆基地 60 厘米望远镜数据等	2020 年度新增数据量 9.87 PB，历史回溯数据 305.87 TB，数据库新增记录超过 1 亿条
6	国家对地观测科学数据中心	优质数据资源超过 3 PB，数据集达到 1100 个	2019 年度新增加气象、海洋、资源、高分等国内外卫星科学数据集 200 个，新增历史回溯数据资源 700 TB	2020 年度新增数据集 400 个、新增历史回溯数据 150 TB、新增科学数据资源量 1 PB

续表

序号	名称	资源总量	2019 年度新增数量	2020 年度新增数量
7	国家极地科学数据中心	记录数总计 4849 条，数据量总计 110.4 TB	2019 年度新增数据 378 条，数据量总计 33.2 TB。包括中国第 35 次南极科学考察数据、中国第 10 次北极科学考察数据、2019 年黄河站科学考察数据等	2020 年度新增数据 383 条，数据量总计 30.4 TB。包括中国第 36 次南极科学考察数据、中国第 11 次北极科学考察数据等
8	国家青藏高原科学数据中心	汇聚 2691 个科学数据集	2019 年度新增科学数据集 477 个，开放共享数据集 446 个。其中 295 个科学数据集源于"丝路环境"专项 2019 年度的数据汇交，151 个是 2019 年度其他科研活动产出	2020 年度新增科学数据集 915 个，包含泛第三极丝路环境专项科学数据集 290 个
9	国家生态科学数据中心	资源总量超过 23.5 TB	2019 年度生态系统长期定位观测数据库、China FLUX 专项联网观测数据库、野外站科技资源设施信息库、野外站知识资源信息库、中国生态系统研究网络（CERN）专题数据共 3.288 TB，模型模拟数据更新 600 GB、生态遥感数据更新 300 GB。共计新增 4.188 TB	2020 年度生态系统长期定位观测数据库、China FLUX 专项联网观测数据库、科技计划项目等汇聚整合数据共计 386 GB
10	国家材料腐蚀与防护科学数据中心	总数据量超过 2000 万条，腐蚀高通量监测数据 1200 万条	2019 年度新增有效核心元数据共计 9852 条，为 2017—2019 年 33 个试验站点回收的自然环境数据，另外新增专题数据 2 个：轨道交通腐蚀与防护专题、舰船和海洋工程用铝合金腐蚀专题	2020 年度新增材料腐蚀和环境数据 9074 条，来源于 20 个国家野外环境腐蚀试验站。2020 年度收集整合本领域内国家重点研发计划结题汇交数据包 5 个，记录数 273 万余条，合计 1760 GB

序号	名称	资源总量	2019 年度新增数量	2020 年度新增数量
11	国家冰川冻土沙漠科学数据中心	归档数据集 2923 个，数据量达到 240 TB，平台已经发布数据集 2113 个，共享数据量达到 9.2 TB	2019 年度新增数据 1023 条，数据量 25.2 TB，其中发布共享数据集 901 个，数据量 4.5 TB。主要整合了冰川、积雪、冻土、沙漠与荒漠化、泥石流、滑坡等几个领域的数据	2020 年度归档数据资源 82.2 TB，包括 865 个数据集。其中归档遥感监测数据 30 TB，遥感反演数据产品 41.8 TB，野外观测、调查等数据 0.4 TB
12	国家计量科学数据中心	数据资源总量达 17.2 GB，形成数据集 20 个	2019 年度新增计量基准数据、计量检测数据和计量信息数据 1.83 GB	2020 年度新增资源 113 GB，新增数据集 12 个
13	国家地球系统科学数据中心	共计 36 678 个数据集，资源总量超过 2.14 PB	2019 年度主要以支撑地球系统科学研究发展与全球气候变化、"一带一路"倡议、五大国家战略需求为导向，开展了数据整合集成与深度加工。新增建设数据集 822 个，新增资源 29.48 TB	2020 年度重点面向地球系统科学密集型驱动研究发展与全球变化及应对、生态修复保护与黑土流失治理、黄河流域生态保护与高质量发展、长江经济带发展、长三角一体化发展及突发事件应急响应等科技创新支撑需求，新增建设数据集 1286 个，新增数据 83.19 TB
14	国家人口健康科学数据中心	数据资源共 3631 个，资源总量达到 269 TB	2019 年度累计收集整合其他来源数据集 402 个，资源总量 78.92 TB，镜像数据 24.29 TB。内容涉及公共卫生领域、药事管理、中药资源普查数据、中国流动人口动态监测调查数据	2020 年度累计收集整合其他来源数据集 983 个，资源总量 104.31 TB
15	国家基础学科公共科学数据中心	数据总量达到 1.5 PB，自建数据资源总量 833.63 TB，项目数据汇交 671.47 TB，记录数 89 亿余条	2019 年度新增数据资源 70 TB，新增数据集 666 个	2020 年度数据增量共计 792.47 TB。其中，新增领域数据资源 121 TB，接收国家重点研发项目科学数据汇交数据总量 671.47 TB，记录条数达到 8.9 亿条以上

续表

序号	名称	资源总量	2019 年度新增数量	2020 年度新增数量
16	国家农业科学数据中心	整合本领域数据资源 599 TB，形成数据库（集）625 个	2019 年度新增数据库（集）26 个，新增数据 55.26 TB。主要包括第三次全国农作物种质资源普查数据库、历次种质资源专项考察文集数据库等	2020 年度新增数据库（集）140 个，新增数据 3018.90 GB，新增汇交数据（集）96 个，新增汇交数据 6.16 GB
17	国家林业和草原科学数据中心	整合本领域数据资源总量达到 1778.89 GB，记录 636.5 万条以上	2019 年度对森林资源、草地资源、湿地资源、荒漠资源等 12 个类别的相关数据资源的整合、扩充和更新的数据量达 97.82 GB；扩充和更新 75 个数据库，扩充和更新科学数据记录 570 021 条	2020 年度新增数据达 407.00 GB；扩充和更新 89 个数据库，扩充和更新数据记录超过 58.4 万条
18	国家气象科学数据中心	构建气象数据资源图谱，数据存量统计近 35 PB	2019 年度完成八大类 19 种原有收集资源的梳理整合，新增数据 1.2 PB	2020 年度完成国家自然科学基金重大专项"青藏高原地—气系统多源信息综合数据共享平台研发"和全球变化及应对专项"全球变化大数据云共享平台"项目数据汇交，形成数据集 28 个，新增数据量 5 PB
19	国家地震科学数据中心	整理、整合相关数据资源达 578.5 TB	2019 年度新增数据约 62 TB，其中历史地震图纸数字化约 30 TB；测震连续波形新增 15.9 TB、事件波形产品新增 1.8 TB、GNSS 观测数据新增 5 TB，新增其他产品数据集 200 余个	2020 年度新增数据 118.5 TB，其中测震连续波形新增 16.7 TB、GNSS 观测数据新增 3.5 TB、电磁卫星数据产品 8.2 TB、历史地震图纸数字化 104.7 万张，新增非天然地震等数据集 150 余个

续表

序号	名称	资源总量	2019 年度新增数量	2020 年度新增数量
20	国家海洋科学数据中心	已形成 580 余个中英文数据集，记录 92 亿余条，累计数据总量约 2.1 PB	2019 年度新增数据资源 114 TB，包括海洋环境数据 90.2 TB、海洋地理信息数据 22.7 TB 和海洋专题信息产品 1.1 TB	2020 年度新增来源于国家海洋观测网、地方海洋观测网、部委间共享数据、国际业务化海洋学数据、共建单位数据和社会数据资源约 82.3 TB

从数据资源的数量来看，国家重大科技基础设施（尤其在高能物理、天文等领域）、长期观测网络（尤其在对地观测、气象等领域）、重大科研项目（尤其在基因组、微生物等领域）等仍是科学数据的主要来源。

① 2020 年年底，国家高能物理科学数据中心资源总量超过 17 PB。高能物理数据依赖加速器的工作条件或者宇宙天体活动，具有高度复杂性、不可复制性和权威性等特点。数据资源内容包括高能物理数据、中子科学数据、光子科学数据和天体物理数据，主要来源是大亚湾中微子实验、中国散裂中子源、北京同步辐射装置、硬 X 射线调制望远镜、羊八井国际宇宙线观测站、引力波暴高能电磁对应体全天监测器卫星等国家重大科技基础设施，以及相关的多个大型高能物理实验项目。

② 2020 年年底，国家天文科学数据中心资源总量达到 27.78 PB，整合天文领域的国产科学数据记录超过 16.6 亿条。持续推进领域内郭守敬望远镜（LAMOST）、中国天眼望远镜（FAST）等国家重大科技基础设施产生的观测数据、产品数据等科技资源向国家天文科学数据中心汇聚与整合，并对各天文装置产出的原始数据、产品数据及科研人员产出的论文数据进行长期汇集整理。

③ 2020 年年底，国家对地观测科学数据中心资源总量达到 3 PB。基于对长期在轨运行的卫星观测网络形成的海量卫星数据资源的持续收集，建成了国内规模最大的对地观测科学数据共享资源库，全年新增数据资

源量 1 PB、新增数据集 400 个、历史回溯数据 150 TB。2020 年度推动了分中心针对中国首颗全球二氧化碳监测科学实验卫星、张衡一号电磁监测试验卫星、欧比特高光谱卫星存档数据的全面开放共享。

④2020 年年底，国家气象科学数据中心资源总量近 35 PB。面向全球、全社会开展国内外行业及社会观测数据的汇交、整理和集成。基于长期以来气象观测领域形成的自动化、规范化观测网络，打通全球 100 多个气象数据中心的气象数据元数据收集渠道，并开拓环保、水利及各行业社会观测数据的汇交渠道。围绕气象科学数据收集、加工、存储、服务、归档全生命周期，全面开展国际国内通信系统、行业部门、项目建设等多来源数据资源的梳理工作，已完成近 2000 种国内外资料盘点，并构建气象数据资源图谱，切实提升全球气象数据资源业务能力。

⑤2020 年年底，国家基因组科学数据中心资源总量超过 8.6 PB。已初步建成面向国家人类遗传资源和重要战略生物资源的多组学数据汇交、存储、共享体系。数据资源主要包括：组学原始数据归档库（Genome Sequence Archive，GSA）、基因组数据库（Genome Warehouse，GWH）、基因组变异数据库（Genome Variation Map，GVM）、2019 新型冠状病毒信息库（2019 nCoVR）、生物项目数据库（BioProject）、生物样本数据库（BioSample）等。主要来源是国家科技重大专项、国家重点研发项目、国家自然科学基金、中国科学院先导专项等科研项目。

⑥2020 年年底，国家微生物科学数据中心资源总量超过 3 PB，记录数超过 40 亿条。建立了完善的微生物领域的数据体系，覆盖微生物资源（国际、国内的微生物菌株、基因组及元基因组）、微生物功能（生物遗传资源及其衍生库）、微生物生物技术及产业、微生物生物信息、微生物类文献专利等多种数据，持续面向包括重点研发计划在内的各类专项项目进行数据汇交、整合加工与分级分类管理，2020 年新增数据量 500 TB，新增数据集 107 个。

二、形成一批高质量的数据库产品

资源建设单位在各自领域深耕细作，努力打造自主权威的数据库，培育出一批世界前沿权威数据资源。随着具有国际影响力的科学数据产品持续发布和推广，在促进国际合作交流的同时，全面提升了我国科学数据资源开放水平和国际影响力。

我国持续跟进国际前沿，建设自主组学原始数据归档库。2020 年年底，我国建设的组学原始数据归档库 GSA 被国际著名出版商 Elsevier 收录，成为亚洲唯一的指定基因数据归档库，收录的数据已发表在 *Cell*、*Nature*、*Science* 等 250 个国际期刊的 600 多篇论文中，有效支撑了国内外基因组组装数据共享服务。此外，国家基因组科学数据中心的 GVM 数据库是国际领先、国内规模最大的基因组序列变异数据库，其数据结构与国际权威机构，如 EBI 的 EVA 数据库保持统一。

国家微生物科学数据中心与世界微生物数据中心牵头建立了全球微生物菌种保藏目录国际合作计划，搭建了全球微生物资源数据共享平台，汇聚了来自 51 个国家 141 家合作伙伴的 52 万株微生物实物资源数据，形成了全球互联互通的微生物数据信息化合作网络，推动全球微生物信息化建设迈向新高度。平台开发的数据挖掘系统支撑了全球微生物资源利用状况的分析决策，德国等多个国家采用平台分析结论作为其微生物资源全球贡献的重要数据参考。

我国牵头建设的地球大数据共享服务平台为世界提供一套中国资源汇聚方案。地球大数据共享服务平台通过整合多领域海量数据，形成服务数据驱动科学发现与决策支持的科学平台。该平台提供对地观测、生物生态、大气海洋、生物物种、微生物资源等多领域数据共计约 5 PB。为全球用户提供系统、多元、动态、连续并具有全球唯一标识规范化的地球大数据，通过建立数据、计算与服务为一体的数据共享系统，形成地球科学数据共享新模式。

三、科学数据管理政策体系进一步完善

1. 科技部、自然科学基金委发文强化科学数据管理法人单位责任

《科学数据管理办法》明确规定有关科研院所、高等院校和企业等法人单位是科学数据管理的责任主体，职责包括"贯彻落实国家和部门（地方）科学数据管理政策，建立健全本单位科学数据相关管理制度；按照有关标准规范进行科学数据采集生产、加工整理和长期保存，确保数据质量；按照有关规定做好科学数据保密和安全管理工作；建立科学数据管理系统，公布科学数据开放目录并及时更新，积极开展科学数据共享服务；负责科学数据管理运行所需软硬件设施等条件、资金和人员保障"。

2020 年 7 月，科技部、自然科学基金委发布《关于进一步压实国家科技计划（专项、基金等）任务承担单位科研作风学风和科研诚信主体责任的通知》，全面加强科研作风学风建设，进一步压实国家科技计划（专项、基金等）任务承担单位的主体责任，建立并严格执行科研数据汇交制度，确保本单位科研活动的原始记录及时、准确、完整，做到可查询、可追溯。

2. 多部委和地方政府继续发布《科学数据管理办法》实施细则

《科学数据管理办法》明确规定国务院相关部门、省级人民政府相关部门在科学数据管理方面的主要职责，如"负责建立健全本部门（本地区）科学数据管理政策和规章制度，宣传贯彻落实国家科学数据管理

政策"、"统筹规划和建设本部门（本地区）科学数据中心，推动科学数据开放共享"、"建立完善有效的激励机制，组织开展本部门（本地区）所属法人单位科学数据工作的评价考核"。

为落实上述国家科学数据管理政策要求，多个部委着手制定本行业领域科学数据管理办法实施细则，进一步推动行业领域科学数据落实工作。① 2019 年 2 月 11 日，中国科学院印发《中国科学院科学数据管理与开放共享办法（试行）》，为进一步加强科学数据管理，保障科学数据安全，提高科学数据开放共享水平提供了制度规范，明确要求院属法人单位进一步建立健全政策制度。② 2020 年 6 月，为进一步加强和规范交通运输行业科学数据管理，中国交通部办公厅起草《交通运输科学数据管理办法（征求意见稿）》，面向社会公开征求意见。③ 2020 年 7 月，中国医学科学院和北京协和医学院为进一步加强与规范本院校科学数据管理，保障科学数据安全，促进科学数据的统筹管理和共享服务，提高科技创新能力，制定并发布《中国医学科学院—北京协和医学院科学数据管理办法（试行）》。④ 2020 年 10 月，中国气象局印发《气象数据管理办法（试行）》，进一步规范气象数据管理，加强资源整合，促进开发利用，保障气象数据安全。⑤ 2020 年 12 月 24 日，中国科学院办公厅正式印发《中国科学院科学数据工作要点》，加快落实《中国科学院关于印发〈中国科学院科学数据管理与开放共享办法（试行）〉的通知》的相关要求，全面落实全院科学数据工作各方主体责任，完善院科学数据中心体系，加强院总中心、学科中心和所级中心的一体化设计。

地方政府相继发布的数据管理实施细则则注重可操作性，提出更加明确的评价考核制度。① 2019 年 10 月《山东省科学数据管理实施细则》发布，该细则以建立科学合理的数据管理体系、促进资源的有效利用为目标，以制度创新为抓手，对科学数据全生命周期管理进行规范，明确了山东省各部门、各地区和法人单位的具体职责，细化了建设全省科学数据中心体系和完善激励措施等内容。②2020年1月，四川省政府办公厅印发《四川省科学数据管理实施细则》，进一步加强和规范四川省科学数据管理，保障科学数据安全，提高科学数据开放共享水平，以支撑四川省科技创新和经济社会发展。2020年4月，巴中市为加强和规范本市科学数据管理，根据《四川省人民政府办公厅关于印发四川省科学数据管理实施细则的通知》精神，结合工作实际，制定了《巴中市科学数据管理实施方案》，提出建立科学数据管理系统、编制科学数据资源目录、开展科学数据采集保存等7项工作任务。③2020年12月，上海市科学技术委员会发布《关于〈上海市科学数据管理实施细则（试行）〉（草案）公开征求意见的公告》，文件明确职责分工，提出统筹布局上海市科学数据中心建设，明确"开放为常态、不开放为例外"的基本原则，加强科学数据共享与利用。

第五章　科技计划项目科学数据汇交

《科学数据管理办法》明确提出"各级科技计划（专项、基金等）管理部门应建立先汇交科学数据、再验收科技计划（专项、基金等）项目的机制"。通过落实科技计划项目数据汇交工作，推动科学数据管理、长期保存和共享应用，有效解决我国科学数据分散重复的问题，促进科学数据的流转、利用和增值，推动科学研究和科技成果产出，发挥国家财政投入产出效益，提高我国科技创新、经济社会发展和国家安全支撑保障能力。2019—2020年，我国在科技计划项目数据汇交实践的基础上，研制科学数据汇交国家标准、明确通用汇交流程，在国家重点研发计划、科技基础资源调查专项等工作中，推动项目形成的科学数据向数据中心汇交并取得积极成效。

一、科学数据汇交国家标准正式发布

开展科技计划项目数据汇交是持续整合科学数据的重要途径，也是保障国家科学数据安全的重要内容。为推动政府预算资金资助的各级科技计划（专项、基金等）项目所形成的科学数据向科学数据中心汇交，近年来我国一直推动汇交相关标准研制工作先行。2021年，由国家科技基础条件平台中心牵头研究制定的《科技计划形成的科学数据汇交　通用代码集》（GB/T 39908—2021）、《科技计划形成的科学数据汇交　通用数据元》（GB/T 39909—2021）和《科技计划形成的科学数据汇交　技术与管理规范》（GB/T 39912—2021）3项国家标准正式发布。其中，《科技计划形成的科学数据汇交　通用代码集》规范了科技计划形成的通用数据元和通用代码集；《科技计划形成的科学数据汇交　通用数据元》规定了科技计划形成的科学数据汇交通用数据元描述规范、数据元目录；《科技计划形成的科学数据汇交　技术与管理规范》规定了科技计划形成的科学数据汇交的原则、管理的主题与职责、主要内容及流程。

3 项国家标准对于规范科技计划项目科学数据汇交具有重要的基础性作用，明确界定了数据汇交的主要内容和范围。标准规定，科学数据汇交内容包括科技计划项目执行过程中产生的科学数据实体、科学数据描述信息和科学数据辅助工具软件（表 5.1）。

表 5.1　科学数据汇交内容

序号	汇交内容	内容说明
1	科学数据实体	科学数据实体是科技计划形成的原始数据及基于原始数据或研究分析数据所形成的完整数据库或数据文件。数据库是结构化数字对象的表达，可以是通用的数据库格式也可以是专用的数据库格式。数据文件是非结构化的一个或多个数字对象的集合
2	科学数据描述信息	科学数据必须提供相应的描述信息，各领域可根据科技计划项目的实际需要进行扩展。同时，各领域根据实际需要确定相应的数据说明文档及过程资料。完善的科学数据描述信息能够有效帮助国家科学数据中心管理数据、共享数据，也能帮助用户快速发现数据、了解数据和使用数据
3	科学数据辅助工具软件	科学数据辅助工具软件是指科技计划形成的用于科学数据处理、加工和分析的专门辅助软件工具。项目实施中采购的工具软件可不必汇交，但需提供与汇交数据处理相关的工具软件使用说明。提交的科学数据辅助工具软件包括软件工具本身或网络调用接口和属性信息，应符合相关软件安全规定。属性信息主要包括软件名称、用途、开发工具、运行环境、开发单位、版本号、使用手册等

各个国家科学数据中心和科学数据管理机构以该 3 项国家标准为基础，开展学科领域科学数据汇交标准研制工作，支持相关领域科技计划项目数据汇交。

二、科学数据通用汇交流程初步明确

科技计划项目是我国政府部门支持科技创新活动的重要途径和手段，也是我国科学数据产出的重要渠道。明确通用汇交流程，加强全生命周期管理是推动科学数据有序汇交、保证数据质量的有效举措。科技计划项目形成的数据通用汇交流程包括科学数据汇交计划制订、科学数据制备、科学数据提交、科学数据审核、科学数据汇总、科学数据发布与共享及科学数据使用与维护更新等过程。科学数据汇交涉及的管理主体主要包括科技计划项目管理方、科学数据提交方及科学数据管理方（图5.1）。

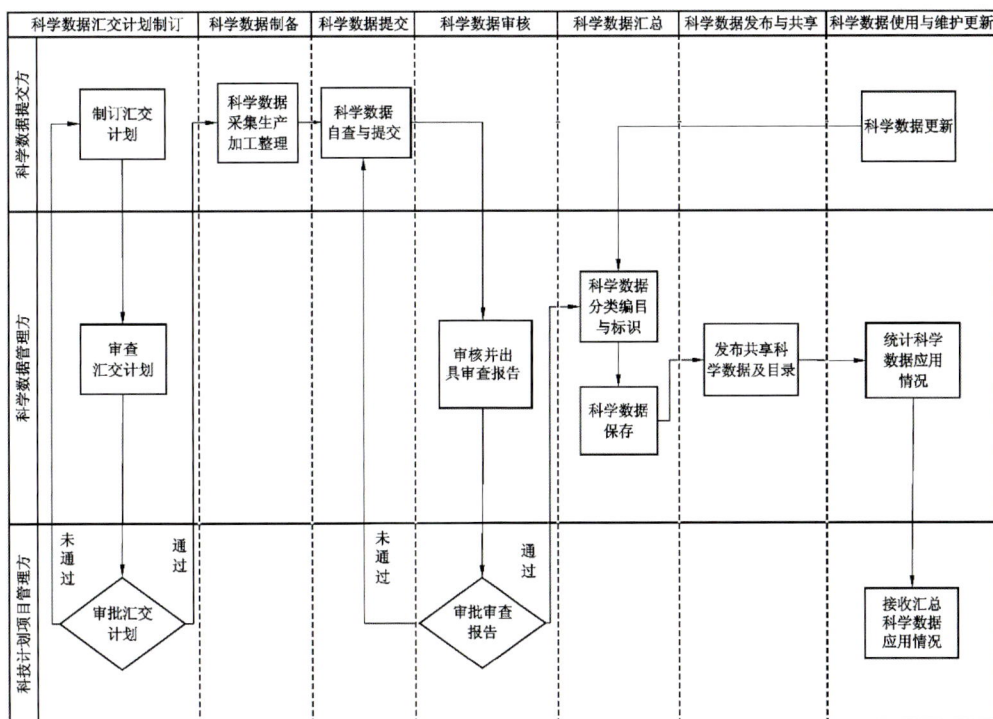

图 5.1　科学数据的通用汇交流程

科技计划项目管理方、科学数据提交方、科学数据管理方在上述阶段均有不同程度的参与，每一阶段的具体工作如表5.2所示。

表5.2 科学数据汇交流程说明

序号	汇交流程	流程说明
1	科学数据汇交计划制订	科学数据提交方应在项目立项阶段按照科技计划项目管理方的相关规定，编制科学数据汇交计划，提出质量控制的手段和方法，以及科学数据开放时间及共享方式等。各领域可根据需要设置本领域科学数据汇交计划格式。数据汇交计划编制完成后需将其提交至科技计划项目管理方，经科学数据管理方审查并由科技计划项目管理方审批后实施
2	科学数据制备	科学数据汇交计划通过审查后，科学数据提交方应遵照科学数据汇交计划和相关标准规范，进行科学数据采集生产与加工整理，按规定格式形成科学数据的数据元信息。科学数据管理方应对科学数据的制备工作提供指导
3	科学数据提交	科学数据提交方应按照科学数据汇交计划，对计划汇交的科学数据进行汇总整理，对科学数据质量进行自查，编制科学数据质量信息报告，并将科学数据提交至科学数据管理方
4	科学数据审核	科学数据管理方按照科学数据汇交计划和科学数据质量控制体系要求进行形式审查，通过组织开展科学数据质量同行评议等方式对科学数据质量进行评估。若审核通过，科学数据管理方应出具审查报告作为汇交凭证，并将其提交至科技计划项目管理方，由科技计划项目管理方审批后进行汇总。若提交的科学数据存在问题，科学数据提交方应及时进行修改并重新提交。科学数据管理方应提供便于对科学数据进行在线访问、下载、预览、校验等功能的审核环境、工具及相关权限
5	科学数据汇总	科学数据管理方在接收科学数据后，应对通过审核的科学数据进行分类、编目、标识、保存、加工、整理、管理与维护
6	科学数据发布与共享	科学数据管理方负责保障科学数据安全，经由科技计划项目管理方审批后对外公布科学数据及目录。对于涉密数据，科学数据提交方负责按照相应程序定密，经科技计划项目管理方审批后，科学数据管理方按照相应的保密要求进行管理。按照"开放为常态、不开放为例外"的原则，根据科学数据的开放条件、开放对象和审核程序等，对于涉及个人隐私等方面的数据在保障科学数据安全的前提下向社会开放共享。为了便于科学数据的开放共享，科学数据管理方应建设运营科学数据共享发布系统，提供多种数据快速发现、访问、下载的入口
7	科学数据使用与维护更新	科学数据管理方应做好科学数据的管理与维护工作，对科学数据共享应用情况进行统计，并将统计情况反馈至科技计划项目管理方。鼓励各科学数据提交方对所提交的科学数据进行持续更新与归档。科学数据使用者应遵守知识产权相关规定，在论文发表、专利申请、专著出版等工作中注明所使用和参考引用的科学数据

三、科技计划项目数据汇交进展

1. 科技部基础性调研专项和重点研发计划项目汇交进展

2019—2020 年，我国各级科技管理部门积极落实科技计划项目数据管理与汇交，在多个领域开展汇交实践。科技部先后出台了《国家重点研发计划项目综合绩效评价工作规范（试行）》《关于开展科技基础性工作专项项目综合绩效评价工作的通知》《科技计划项目科学数据汇交工作方案（试行）》等相关政策，制定科学数据汇交的标准规范和工作流程，明确依托国家科学数据中心开展数据接收、审核与开放共享。近年科技计划项目汇交相关政策如表 5.3 所示。

表 5.3 科技计划项目汇交相关政策清单

序号	政策名称	涉及科技计划项目汇交内容
1	2018 年 3 月，国务院办公厅印发《科学数据管理办法》	政府预算资金资助的各级科技计划(专项、基金等）项目所形成的科学数据，应由项目牵头单位汇交到相关科学数据中心
2	2018 年 12 月，科技部办公厅印发《国家重点研发计划项目综合绩效评价工作规范（试行）》	明确要求绩效评价材料中应包括科技资源汇交方案，应提交由有关方面认可的科学数据中心出具的汇交凭证
3	2019 年 7 月，科技部基础研究司、资源配置与管理司印发《关于开展科技基础性工作专项项目综合绩效评价工作的通知》	将科学数据汇交列入综合绩效评价程序中，并明确项目科学数据汇交的流程和汇交内容要求
4	2019 年 12 月，科技部办公厅正式印发《科技计划项目科学数据汇交工作方案（试行）》	明确科学数据汇交原则、管理主体与职责、主要内容及流程，进一步规范科技计划项目科学数据汇交工作
5	2020 年 10 月，国家科技基础条件平台中心印发《关于〈推进国家科学数据中心科技计划项目科学数据汇交 2000—2021 年度工作要点〉的通知》	加强国家科学数据中心能力建设，完善科技计划项目科学数据汇交审核机制、评价和激励机制，支撑科技计划项目管理与学风作风建设，支撑科技创新与经济社会发展

2019 年，科技部组织对周期内开展综合绩效评价的科技基础资源调查专项项目进行数据汇交，指定由各领域国家科学数据中心承担科学数据管理方职能，具体落实项目数据汇交工作并出具汇交凭证。2020 年，我国全面开展国家重点研发计划项目科学数据汇交工作，并要求各项目按学科领域将科学数据汇交至国家科学数据中心。据不完全统计，2019—2020 年，20 个国家科学数据中心已经支撑共计 17 个专项 200 个国家重点研发计划项目开展科学数据汇交，汇聚数据量达 5 PB。

同时，为提高科技计划项目资源汇交与共享的工作效率和准确率，要求各数据中心在开展科学汇交工作过程中，落实相关标准规范和流程要求，充分利用信息化手段，开发基于网络服务的数据汇交技术平台，规范数据汇交的流程，加强科学数据的管理。多个国家科学数据中心结合实际情况，开发了各学科领域的科技计划项目资源汇交系统。科学数据提交方（即项目建设单位）通过在线方式提交科技计划项目科学数据汇交计划，上传至相应的国家科学数据中心，从而统一汇交途径，为科学数据规范管理、长期保存和增值服务提供了技术保障。

2. 中国科学院科技计划项目科学数据汇交进展

中国科学院作为国家在科学技术方面的最高学术机构和全国自然科学与高新技术的综合研究发展中心，具有多年科学数据管理和共享实践经验，国家政策发布后，中国科学院高度重视科技计划项目科学数据汇交与服务、共享的落实工作。2019 年 2 月，《中国科学院科学数据管理与开放共享办法（试行）》明确规定科技计划项目建立先汇交数据、再验收项目 / 课题的机制。其中，在项目立项阶段，应将项目数据管理计划作为立项必要条件；在项目执行阶段，项目负责人应按照科技项目数据管理计划开展科学数据规范化整编和质量控制工作，并及时向项目指定的科学数据管理机构汇交数据；在项目验收阶段，责任部门须将科学数据汇交与管理情况作为项目验收必要条件，对科技项目数据管理计划的执行情况和科学数据产出情况等进行监督评估后验收。

依托战略性先导科技专项等重大科研项目，中国科学院汇聚整合领域科学数据，发挥科学数据在科研创新中的价值。院 A 类战略性先导科技专项"地球大数据科学工程"已形成资源、环境、生物、生态等领域多学科融合、独具特色的地球大数据云服务平台，提供 5 PB 数据资源的共享服务。国家青藏高原科学数据中心支撑院 A 类战略性先导科技专项"泛第三极环境变化与绿色丝绸之路建设"的科学数据汇交工作和共享服务，已汇交 531 个数据集，汇交量为 14.5 TB，专项数据汇交率达 96.4%。

第六章 技术研发与分析挖掘平台建设

当前，新一代信息技术及其应用不断突破创新，数字化、网络化、智能化全面深入发展，数据驱动的创新模式已经成为全社会的广泛共识，充分利用信息技术管理和分析科学数据亦成为时代趋势。基于科学数据资源的典型特征和学科特征，面向应用，融合知识体系、算法模型和信息技术，全面发展"通用＋专用"融合互促的科学数据管理和应用技术，实现"数据—信息—知识"的全链条服务，全面提升科学数据资源的高效利用。

一、数据管理分析技术取得新进展

1. 科学大数据管理分析软件取得突破

大数据时代，海量科学数据的利用日益依赖于科学数据管理与分析软件的支持。近年来，面向科学大数据的海量化、自动化、流程化等挑战，以及学科领域大数据分析挖掘的特色需求，我国科学大数据管理分析软件取得突破，部分软件已陆续开源。①中国科学院计算机网络信息中心研发的科学大数据流水线 PiFlow 系统，是基于分布式计算框架技术开发的大数据流水线处理与调度系统，实现了科学大数据采集、清洗、存储与分析等业务的组件化开发，通过所见即所得、拖拽配置等方式实现大数据处理流程化配置、运行与智能监控，吸引了大批中小企业、院所高校用户，有效支撑了科技、工业、数据资产管理、医疗健康等领域的大量软件工程应用。PiFlow 系统已在 GITEE 等开源社区发布，并正式进入木兰开源社区孵化，先后荣获 2019 年开源中国"GVP- 码云最有价值开源项目"奖、首届"中国开源科学软件创意大赛"二等奖等。②北京大学王选计算机研究所数据管理实验室研发的知识图谱管理引擎 gStore 是管理大规模关联数据（Linked Data）的高效图数据库系统；中国科学院计算机网络信息中心研发的科学大数据服务统一部署监控工具 PackOne 实现了 Hadoop、Spark、NiFi、PiFlow、Kylin、MangoDB、Neo4 J 等流行大数据管理 / 处理软件的云端快速弹性部署和一键伸缩。在微生物领域，基于 gStore 和 PackOne 建立了语义关联的微生物领域数据平台，实现了微生物关联数据的可视化分析和知识挖掘。③中国科学院计算机网络信息中心研发的遥感大数据核心引擎 GeoBox，面向大规模遥感影像数据的存储、管理与分析等问题，突破了大规模遥感数据高效存储、分布式按需计算和交互式分析工作流等多项关键技术，实现了亿级元数据高效管理和 PB 级实体数据分析服务。GeoBox 已应用于国家基础学科公共科学数据中心"地理空间数据云（GSCloud）"，在线数据总量超过 1 PB，专业用户数达 50 万人，是国内外具有重要影响力的领域数据云社区。

2. 科技企业助力我国领域科学数据平台建设

国内科学大数据的蓬勃发展，吸引了国内科研院所和科技企业的广泛关注和深度参与，国内龙头 IT 企业参与研发具有自主知识产权的科学计算分析平台，为领域科学数据及其平台建设注入新活力。①阿里巴巴集团控股有限公司参与天文等学科数据服务平台建设，2019 年 12 月阿里云发布数字地球引擎，提供开放式的影像数据集、遥感 AI 能力、丰富的 API 接口，服务国土资源监管、水利河道治理、自然环境保护和农业估产等领域的研究及应用。②腾讯计算机系统有限公司推出"WeEarth 超级地球"计划，拟在未来数年内组建一个包括 300 颗卫星在内的对地观测网，通过"专属卫星"服务为政府机构、科研院所、科技企业提供"开箱即用"的遥感服务。③华为 2020 年发布全新一代海量数据存储 OceanStor 存储 Pacific 系列，通过打破架构、服务和性能的边界，以多协议无损互通、下一代弹性 EC 算法和系列化硬件，灵活应对 AI、HPC、视频等海量数据场景的多样化需求及效率、成本和可靠性挑战。该方案入选科技部科研数据安全基础设施，助力宇宙探索和生命科学等重大科学研究，成为海量数据存储新标杆，帮助企业释放海量数据价值。

3. 科学数据区块链解决方案获批备案

区块链技术具有公开透明、去中心和不可篡改的特性。相比传统中心化的数据共享模式，基于区块链技术的科学数据共享，通过分布式账本、数据隐私安全、数据确权等机制有助于解决数据权益界定、跨机构数据共享等问题，如医疗数据利用区块链存储、管理和共享个人健康数据。区块链、隐私计算等新技术的应用，有助于促进数据共享流通过程中的可追溯、可监控，降低知识产权侵害风险。中国科学院计算机网络信息中心自主研发的开放数据联盟链（Open Data Chain，ODC）获得国家互联网信息办公室的境内区块链信息服务备案，并在国家生态科学数据中心、国家微生物科学数据中心等国家科学数据中心应用，探索基于区块链的科学数据共享新模式（图 6.1）。ODC 面向国家科学数据中心构建数据联盟链，融合了区块链、数据汇聚、数据处理、知识发现、标识解析等数据共享技术，致力于为科技成果发布、确权和开放共享提供技术保障。ODC 可支持用户进行数据离线或在线完整性校验，在数据资源存储于科学数据中心的情况下，能够实现科学数据链安全共享、一致性验证、数据追溯、版本管理、数据确权、使用记录和贡献量统计。

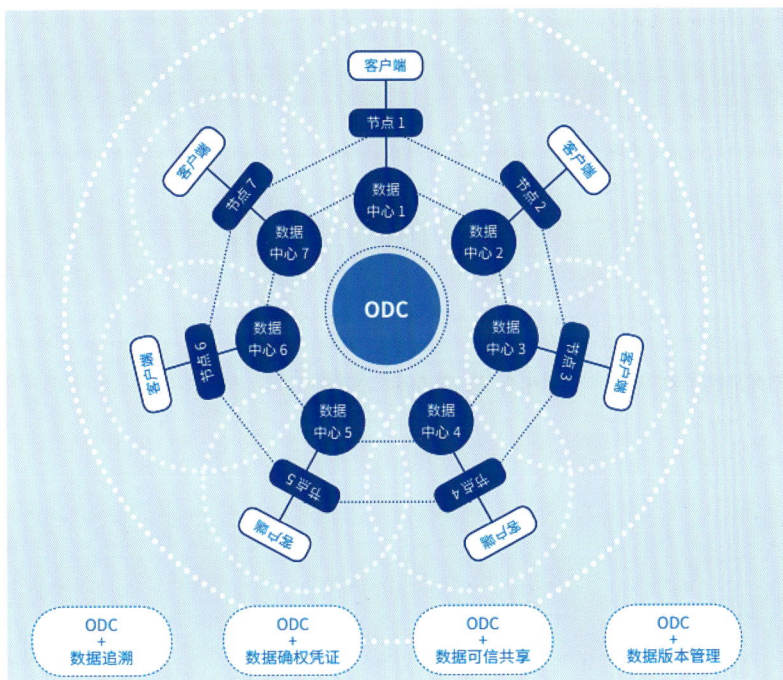

图 6.1　开放数据联盟链功能架构

二、领域特色软件工具研发与应用

　　领域特色软件工具的开发和利用，能够大幅增强学科领域科学数据分析挖掘的能力，提升科学数据的应用价值。国家科学数据中心基于所管理的学科领域数据，面向科研应用的实际需求，研发高质量、高可用性的特色工具，形成了一大批具有影响力的特色软件工具。其中，在空间科学领域开展了数据资源分析与挖掘的关键技术攻关，研发融合处理加工类、分析挖掘类、重大任务支撑类和科普传播类软件工具共计 40 个，拓展空间科学数据应用，促进数据价值的充分发挥。在基础学科领域研发通用、学科领域分析和挖掘工具近 20 个，根据部分产品学科特点，持续更新发展基于 Web 的系列特色服务。在对地观测领域研发全生命周期的遥感数据工程工具集，实现了遥感数据从汇聚整理、编目入库、加工生产到交换分发的标准化、规模化运行。在天文领域研制分析挖掘工具及数据分类算法，强化挖掘与应用工作。在海洋领域研发了分析产品制作工具、数据自动化清洗工具、ERDDAP 数据处理工具、潮滩自动提取工具、浮游生物、渔业资源空间分布计算工具等软件。在高能物理领域研发了高能物理、中子科学、光子科学、天体物理等多学科实验数据存储和管理、处理系列软件，实现了数据的分析、加工和挖掘等功能。此外，在气象、地球系统、人口健康等领域纷纷研发具有特色的软件工具，持续推动我国科学数据与场景应用的深度结合。

国家空间科学数据中心研发了数据分析挖掘与应用软件工具 40 个，包括流星雷达反演大气温度软件、同类地基监测数据质量对比分析软件、高可靠广播星历合并软件等若干数据融合处理加工工具，支撑形成多类特色数据产品；在极光图像特征识别分析应用、地震电离层异常挖掘、暗能量状态方程科学模型聚合等方面取得关键进展，形成了一系列基于大数据算法的数据分析挖掘软件工具；开发了卫星姿轨计算工具包、月球数据归档存储工具等若干重大任务支撑特色工具，支撑重大任务运行管理；研发月球中文地名动态信息、嫦娥月球影像数据地图查询与可视化、中国月球与行星数据 APP、火星漫游 APP 等科普宣传特色工具，服务于成果推广与科教宣传。

国家基础学科公共科学数据中心推动各学科领域数据加工整理、分析挖掘等方面的软件工具与算法研制。光学特色软件 QtSQLITE 可快速读取分析光学镜头数据库内容，实时显示玻璃名称、数字名称、波长范围、价格、色散系数、制造属性等信息，为光学玻璃的使用者提供便捷高效的选型，提高光学设计者对光学玻璃数据的访问便利性，同时易于形成两种不同类型玻璃的对比，方便用户选型。该软件在 QT 跨平台工具环境中研发，为自主可控光学设计奠定基础。核物理在线处理软件系统 NDPlot，可同时处理复杂的 ENDF 格式、EXFOR 格式和自由格式的核反应数据，并进行计算、绘图、分析和比对，可为核数据生产者和用户提供专业、高效的核数据分析、比对服务，已被多所高校和研究院使用。

国家海洋科学数据中心围绕数据加工整理、分析挖掘等开展软件工具研发。针对海洋科学数据的学科分布广、时空跨度大、多源异构性强、文件格式多样化等特点，基于国际通用的 ERDDAP 标准与技术框架，整合了 OPeNDAP、xml、NetCDF、csv、json、txt 等多种协议和数据格式标准，研发形成一套数据规则统一、抽取和聚合灵活、存储格式可控、支持多种在线快速可视化表达的数据管理和共享工具软件，丰富和扩展了传统的"数据共享就是下载"的单一化模式。

国家高能物理科学数据中心聚焦高能数据进行挖掘工具研发。Daisy 软件系统面向光子科学实验用户数据处理的需求和挑战，直接处理实验数据，提供远程的数据分析资源，彻底改变拷回数据—自建环境处理的数据服务传统模式。Daisy 软件系统包括软件开发支撑环境、核心软件框架和分布式中间件、数据处理算法和工具的集成、数据可视化和分析桌面、软件文档及软件生态环境等。

国家生态科学数据中心研发了基于多源数据—模型融合的

生态系统生产力和固碳功能数据产品生产工具。软件采用基于数据同化和过程模型相结合的方法，通过融合地面观测数据、遥感数据、整合的文献数据和模型，将站点尺度不连续观测数据进行重构，生成长时间序列数据。工具基于 Data Assimilation Linked Ecosystem Carbon（DALEC）模型，以 CERN 多期生物量、土壤碳、凋落物和 LAI 等作为模型同化的约束数据，辅助以长期连续的大气、水分等气象数据作为模型驱动数据，实现了从多期不连续的观测要素数据到长期连续的土壤、植被固碳功能动态数据的获取，并反演了通过观测难以获取的系列碳循环关键过程参数。该软件已用于中国生态系统研究网络（CERN）10 个森林生态站 2001—2015 年生产力和固碳功能数据产品。

国家天文科学数据中心研发多个天文科学数据挖掘工具。多波段星表的高效交叉证认和置信度计算工具基于多层级覆盖天区空间索引实现星表天体间的位置匹配，计算各星表间天体位置匹配组合的置信度，对于海量星表的交叉证认置信度计算采取了并行化处理，提高了计算效率。应用结果表明，基于多层级覆盖天区的位置匹配方法具有较高的时间效率。在交叉证认的准确率方面，贝叶斯推断方法也高于 LR 方法。

国家气象科学数据中心自主研发了"台风三维可视化工具包"，并在中国气象数据网上建立"台风三维可视化"专题栏目，针对台风等重大气象灾害，提供灾害过程的二维、三维可视化专题服务。"台风三维可视化工具包"具备高灵活性、多视角度、强渲染力特性，实现了"台风三维可视化"专题数据渲染、视角定制、产品加工等多方面的功能保障支撑。

国家对地观测科学数据中心研发了全生命周期遥感数据工程工具集，包括元数据汇交工具、数据缓存工具、数据质量检查工具、数据编目入库工具、数据剖分工具、数据集优化工具、任务规划工具和任务统计工具等8个大类，实现国内外PB级对地观测数据资源的按需汇聚和动态更新。该工具为基于中国碳卫星的首幅全球二氧化碳分布图和叶绿素荧光反演分布图等成果发布提供有力支撑。

国家冰川冻土沙漠科学数据中心自主研发的虚拟联合观测管理系统，已经部署到90多个野外观测系统，实现了野外台站仪器的自动组网与故障预警，观测数据的传输、入库、质量控制、虚拟联合及共享服务等功能；研发了科技专项数据汇交与管理平台，实现了项目卫星遥感、低空航拍、地面调查的影像数据、调查样本及样品DNA条形码的管理，实现了从数据汇交、入库、管理、共享到分发的全生命周期管理。

三、数据挖掘分析平台建设与运行

围绕国家战略和经济社会发展等重大需求，科学数据管理方加强分析挖掘与应用技术方法研究，综合运用关联、聚类等分析方法，提升利用科学数据开展知识发现的能力和水平，强化利用科学数据开展增值服务的能力。我国各学科领域在数据资源建设和特色工具建设基础上，着力推动分析挖掘方法和平台的建设，实现"数据—模型—计算"的一体化服务，提升科学数据利用能力，支撑科研创新。例如，随着青藏高原领域的第三极环境大数据平台的建设和运行，建立了一套冰崩堵江灾害事件特征、过程、成因和风险，灾后村庄搬迁综合评估模型体系；基因组领域的"生物云"平台、冠状病毒在线分析平台实现线上服务，可用于基因组序列比较、检测变异位点、评估对基因功能影响的程度等分析工作；在微生物领域，通过研发基于云环境的生物信息分析平台，研究海量异构数据关联分析及推理方法，建立了具有优异性能和良好操作性的数据集成和共享体系，从而实现了基于大数据的知识挖掘和可视化展示；在冰川冻土沙漠领域，数据—模型综合集成系统正式上线，服务于灾害态势演化综合预测预警等；在地震科学领域，研发了 SeisFLINK2 地震自动监测系统；在人口健康领域，基于生物信息和医疗术语本体资源库上线了 Medportal 平台等；在对地观测领域，为用户提供高质量遥感数据集和高性能计算资源等。

国家青藏高原科学数据中心建设第三极环境大数据平台，集成常用地学领域研究大数据挖掘方法，实现大数据计算方法、冰川与湖泊专题矢量数据提取方法，实现生态观测网络观测数据的集成、生态模型的集成，可自动计算可持续发展指标，并对各个指标自动可视化和生成相关报告。在灾害链事件的可持续发展评价体系方面，建立了一套冰崩堵江灾害事件特征、过程、成因和风险，灾后村庄搬迁综合评估模型体系，发展了一套评价指标，以形成灾后是否搬迁的科学评估结论。大量实测和历史数据的分析与对比评估，支撑了区域自然灾害防控能力的提升及可持续发展。

国家基因组科学数据中心基于 Spark 建成"生物云"平台 BioCloud，研发拼接组装、演化、甲基化、泛基因组、序列分析、转录本挖掘等多类型工具，提供高效的在线服务，已集成生物信息算法及工具 44 个，搭建生物信息学分析流程 6 个。建设冠状病毒在线分析平台，为科研人员提供高效、便捷、免费的新冠病毒基因组数据分析服务。该平台由基因组拼接、BLAST 比对、基因组注释、变异鉴定和变异注释 5 个模块组成，用户无须注册或登录便可直接使用。

国家微生物科学数据中心构建和发布基于云环境的生物信息分析平台，将各种生物信息学分析软件和代码集成起来，通过网页的形式输入数据进行各种生物信息分析，集成了包括 Blast 分析工具、宏基因组分析流程工具、基因组拼接工具、基因组结构分析工具、基因组注释分析、元基因组分析、比较基因组分析、便捷分析工具等八大类 80 个以上的分析工具，有效利用数据资源与计算资源提高了微生物数据分布并行处理效率，支持微生物数据按需动态传送与集成。

国家冰川冻土沙漠科学数据中心研发了基于多源数据融合集成的自动化数据产品制备平台。针对寒旱区 9 个关键环境因子，如冰川、冰湖、冻土、荒漠化指数、干旱指数、地表温度、积雪等，构建各类环境因子自动提取算法和模型，实现不同时空尺度环境因子的实时自动制备，已经完成了中巴经济走廊和祁连山地区多种环境因子数据的生产。研发了"中巴经济走廊"灾害识别与预警系统，实现了"环境要素数据自动提取"—"模型运算"—"灾害易发性和危险性评估"的数据工程体系。

国家地震科学数据中心研发了 SeisFLINK2 地震自动监测系统，基于大数据技术系统框架，集成地震专业处理模块的地震实时流处理平台，实现海量地震数据的接入和交换，以方便各地震数据处理模块获取近线数据，能够实现快速的数据挖掘和分析工作，对全球和中国境内地震提供实时监测等。

国家人口健康科学数据中心基于生物信息和医疗术语本体资源库，构建并上线了 Medportal 平台，新增 1 个"新冠病毒疾病本体——Coronavirus Infectious Disease Ontology（CIDO）"，更新 GO、FMA、DOID、PR 等 26 个应用本体。平台本体总计 44 个，class 数 185 万个。Medportal 平台还提供了"尿蛋白生物标志物数据库（Urinary Protein Biomarker Database，UPBD）"的分类构建和疾病术语的注释功能。

国家地球系统科学数据中心采用微服务架构，研发数据共享与分析平台，将多项先进的开源技术结合，如 Docker 容器实现用户环境多样化和资源隔离，Kubernetes 用于集群计算资源调度和容器编排，JupyterHub 实现多用户管理和交互式实验平台，NFS 用于科学数据共享和用户数据存储，使用户可以直接访问中心的海量数据资源，支持 Python、MATLAB、C++、Octave、R 等多种编程语言，支持 TensorFlow、Pytorch 等深度学习框架，改变传统的数据分发共享模式，为科研用户提供便捷易用的交互式访问与挖掘分析环境。

国家天文科学数据中心整合 13 套分析挖掘工具、部署 10

套天文专用的数据处理环境，实现了跨地域的分布式混合云计算环境，以及计算与数据的融合。实现了 12 套天文数据产品的在线检索与分析，提供观测申请、数据归档、数据分析及结果发布的全流程服务，支持天文学家在线开展科研工作。

国家对地观测科学数据中心与国家超级计算济南中心联合发布地球科学大数据培训云平台，融合高质量遥感影像数据资源和高性能计算资源，为欠发达地区和发展中国家的科学工作者与公众提供了大数据和分析能力，累计培训 16 个国家（地区）的 200 多位学员，在科学数据的数据民主和数据共享方面建立了一个标杆。

国家气象科学数据中心强化 AI 应用训练数据集检验评估及应用，完成强对流天气 AI 训练数据集基于大数据云平台的在线管理，完成基于流传输的雷达数据质控与产品生成体系，有效提升雷达 QPE 产品生成时效，开展基于天气雷达的强对流天气类型智能识别应用模型研发和短时临近预报应用模型研发，培训 AI 新技术应用新动能。

第七章　科技资源标识体系建设和应用

科技资源标识体系的建设目标是以科技资源序列号为抓手、规范我国科技资源管理与使用。科技资源标识是实现科技资源管理与开放共享架构的重要组成部分，作为开展科技资源长期存储和稳定管理的基础设施，对规范科技资源管理、保障科技资源安全、强化知识产权保护和提升科技资源应用服务能力具有十分重大的意义。国家科技基础条件平台中心于2019年正式启动了科技资源标识体系的建设工作，并同步推动与其他机构建设或运行的相关标识体系的互认。

一、科技资源标识体系启动建设

2019年，国家科技基础条件平台中心立足牵头研制的国家标准《科技资源标识》（GB/T 32843—2016），与中国科学技术信息研究所、北京航空航天大学、中国科学院计算机网络信息中心组建科技资源标识工作组，共同推进科技资源标识体系建设。科技资源标识体系主要包括标识管理体系和标识技术体系，其中标识管理体系是科技资源标识体系的组织支撑，标识技术体系则是科技资源标识体系的技术支撑。通过建设科技资源标识体系，不仅可以规范我国科技资源的管理与使用，进而支撑我国科学数据的安全管理和科技资源的知识产权保护，还可以促进科技资源信息的互联互通，实现我国科技资源的永久可定位、可追溯、可引用、可统计与可评价等。

科技资源标识（GB/T 32843—2016）

国家科技基础条件平台中心牵头研制的国家标准《科技资源标识》（GB/T 32843—2016）于 2016 年正式发布实施，规定了科技资源标识的适用对象和产生途径、标识符的结构与编写规则、科技资源标识的管理与应用。标准适用于各类科技资源的统一标识，以及科技资源的编目、注册、发布、查询、维护和管理。

该标准规定，中国科技资源标识符由中国科技资源代号（CSTR）、科技资源标识注册机构代码、科技资源类型代码和内部标识符 4 个部分组成。中国科技资源代号与科技资源标识注册机构代码之间用半角符号 ":" 分隔，其余各部分之间用半角符号 "." 分隔，科技资源标识符结构如图 7.1 所示。

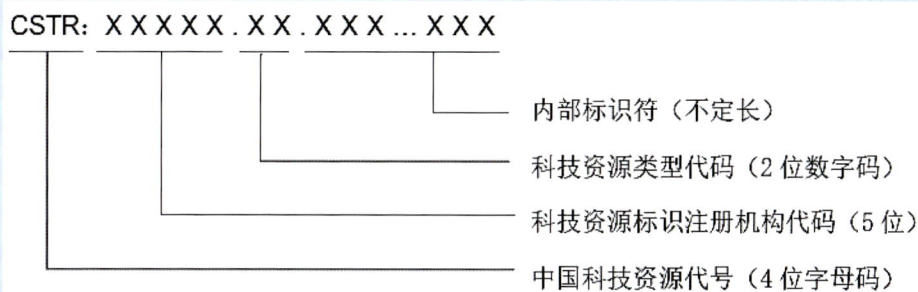

CSTR: X X X X X . X X . X X X … X X X

内部标识符（不定长）

科技资源类型代码（2 位数字码）

科技资源标识注册机构代码（5 位）

中国科技资源代号（4 位字母码）

图 7.1　科技资源标识符结构

其中：①中国科技资源代号是我国所有科技资源的统一代号，采用中国科技资源的英文缩写 "CSTR" 表示。②科技资源标识注册机构代码是为科技资源标识主管机构审核并批准后的每个科技资源标识注册机构分配的唯一标识代码，长度为 5

位半角字符，取值范围为 A–Z、a–z、0–9，不区分大小写。③科技资源类型代码按科技资源的表现形式分类标识，具体包括大型科学仪器设备、重大科技基础设施、研究实验基地、植物种植资源、科学数据等。④内部标识符由科技资源标识注册机构负责分配，采用不定长的字母、数字、分隔符组合表示，确保在同一科技资源标识注册机构注册的每个科技资源的内部标识符具有唯一性。内部标识符可以采用自定义标识方案，应能够反映科技资源主要特征和变化，且具有可持续性和可扩展性。

1. 标识管理体系

标识管理体系规定了科技资源标识体系的管理层级及职责，包括科技资源标识主管机构（以下简称"标识主管机构"）、科技资源标识代理机构（以下简称"标识代理机构"）、科技资源标识注册机构（以下简称"标识注册机构"）及科技资源提交机构（以下简称"资源提交机构"）等，如图 7.2 所示。

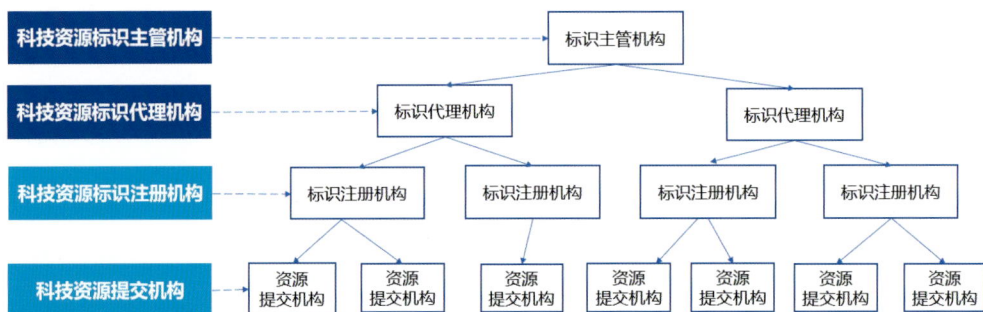

图 7.2 标识体系管理架构

2. 标识技术体系

标识技术体系除规定科技资源标识技术架构由国家节点、服务节点和注册节点组成，还给出了各节点的系统功能等。此外，标识技术体系还规范了标识注册、标识解析、标识管理及相关服务的技术要求，以便为建设一套功能完整、操作便捷的标识服务系统提供必要的技术支撑。标识技术体系架构如图 7.3 所示。

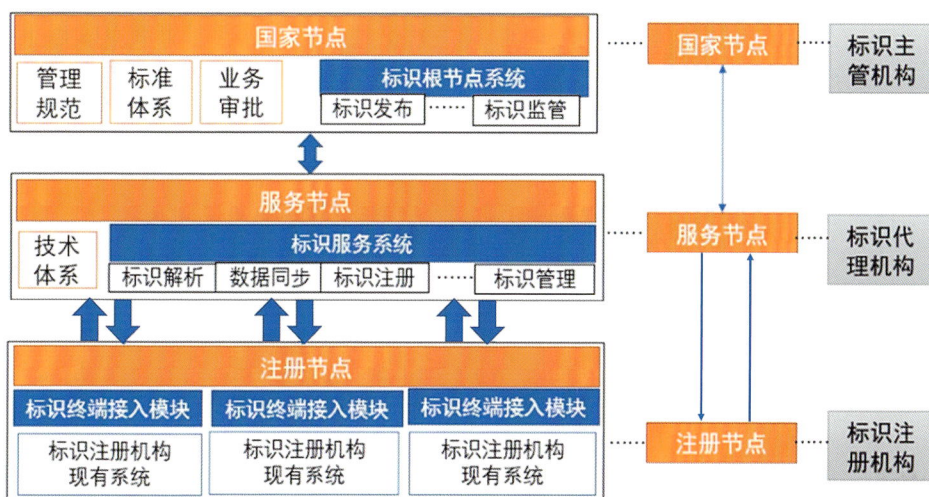

图 7.3　标识技术体系架构

标识技术主要包括标识注册、标识解析、标识服务等，由标识根节点系统、标识服务系统、标识终端接入模块等实现相关功能。

①标识根节点系统。标识根节点系统主要面向标识服务系统实现标识管理、标识监管等服务，实现标识根节点系统和标识服务系统的对接，受理和审核标识代理机构、标识注册机构申请，为标识代理机构、标识注册机构分配机构代码，对资源提交机构进行备案。

②标识服务系统。标识服务系统主要面向标识注册结构提供标识注册、标识解析、标识管理等服务，并实现标识服务系统和标识根节点系统的对接，将标识服务平台数据同步、汇总、发布到标识根节点系统。

③标识终端接入模块。标识终端接入模块是标识服务系统的一部分，主要功能包括：标识注册申请、标识管理等。标识终端接入模块由标识代理机构建设，供标识注册机构使用，标识注册机构现有系统部署标识终端接入模块成功后，即接入科技资源标识系统，成为标识注册节点之一。

2020年年底，科技资源标识系统初步完成搭建，并依托"中国科技资源共享网"上线运行（图7.4）。科技资源标识系统作为标识的国家节点，统筹标识在线管理，支撑科技资源标识注册与解析、标识注册机构申请与管理等服务，同时实现各领域科技资源标识系统的互联互通。

图7.4 科技资源标识服务网页

二、科技资源标识的应用进展

2020年11月，科技资源标识服务系统正式上线运行，20家国家科学数据中心及31家国家生物种质与实验材料资源库先后顺利取得标识注册机构代码，成为我国首批标识注册机构，科技资源标识工作组组织对首批注册机构进行专题培训。各注册机构在相关科学领域开展科技资源标识注册申请及相应科技资源质量审核、科技资源提交机构审核备案与管理、科技资源标识应用与推广等工作。截至 2020 年年底，已注册的各类科技资源超过 20 000 项，还在持续更新中。

科技资源标识的初步应用场景主要包括标识符登记、标识符管理、标识符解析及标识符使用。其中，标识符登记是标识符分配和获得标识注册的服务，由资源提交机构、标识注册机构、标识代理机构分工负责。标识符管理是指标识符登记后，对标识符、科技资源元数据开展维护，以保证其可访问性。标识符解析是指在标识符登记后，通过标识服务系统获得科技资源标识元数据的服务。标识符使用是指标识符登记后，其对应的科技资源被引用、发布、加工、转载等全生命周期过程中标识符的使用。

科技资源标识应用场景

1. 标识符登记

同一科技资源只能在一个标识注册机构进行标识符登记。其中，资源提交机构按相关要求向标识注册机构提交科技资源标识申请及相应的科技资源元数据，并提出科技资源类型代码建议，经标识注册机构审核科技资源质量后，获得标识符。标识注册机构应按相关规范将已分配的标识符向标识代理机构提交标识注册申请。标识代理机构应对符合相关规范要求的标识符批准注册。

2. 标识符管理

标识符管理包括标识符维护和科技资源元数据维护。标识符在完成标识符登记后即可启用，而且一旦登记成功便不可修改和删除；科技资源元数据维护主要包括科技资源元数据存储、访问等，其中标识代理机构为其所注册的科技资源提供长期稳定的标识符和科技资源元数据存储服务，提供持久稳定的科技资源元数据访问服务。

3. 标识符解析

在标识符解析中，用户可以对已登记的标识符提请解析服务，以获得科技资源元数据。标识符保持与科技资源元数据持久稳定的关联，因此用户通过标识符解析即可获得唯一对应的科技资源元数据。

4. 标识符使用

已登记的科技资源标识符，将按照国家有关规定对外开放和提供获取。标识注册机构将科技资源标识符及其引用标注方式，通过本机构的门户网站等进行公布，以供有关用户访问。用户在引用科学数据资源时，应按照科技资源引用标注建议的格式，正确地将其注明为"科技资源名称；科技资源标识符"。例如：中国 1：400 万资源环境数据（中国沼泽分布区，1990年）；CSTR:*****.11. 2012-100101-13215-00001-V1。标识注册机构可通过完善科技资源元数据，推动标识符和科技资源元数据的标准化关联存储，开发针对不同类型科技资源或学科领域的标识创新应用。标识代理机构可在提供标识解析基础上，提供多重解析服务，将一个标识符关联至相关内容的多个选项，并探索多重解析的使用场景。

第八章　国家科学数据网络管理平台建设与服务

2018 年国务院办公厅印发的《科学数据管理办法》明确提出要建设国家科学数据网络管理平台。该办法出台后，科技部、财政部共同推动相关工作，依托中国科技资源共享网（简称"共享网"）升级改版国家科学数据网络管理平台，由国家科技基础条件平台中心具体负责建设运行。

一、依托共享网构建国家科学数据网络管理平台

国家科学数据网络管理平台采用分层建设，开展科学数据信息整合，盘活全国的优质科学数据资源存量，实现我国跨部门、跨地区、跨领域的重要数据资源信息的有效集成。促进基于信息的数据开放共享与应用，为加强科学数据管理、优化配置和高效利用奠定坚实基础，为科学研究、技术创新及国家重大工程建设等提供有价值的基础数据支持和基础条件资源保障。同时，围绕科学数据管理需求开展基于信息的科学数据统筹管理，支撑国家科学数据中心建设运行与日常管理，与国家科学数据中心在线服务系统实现互联互通。

该平台在充分考虑数据资源信息整合、科学数据服务在线管理及科学数据政策宣传等需求的基础上，一是开发建设了科学数据信息汇交管理系统，搭建多领域、多层次的科学数据资源信息发布和服务体系；二是发布科学数据管理政策与战略、科学数据资源建设与服务的动态信息，打造权威的科学数据资源共享理念传播阵地；三是完善用户管理与分类

体系，建立可靠的资源信任与授权管理机制，实现共享网与国家科学数据中心在线服务系统的互联互通，用户可"一站式"获取科学数据或相关服务；四是开发科技资源共享服务评价支撑体系，可在线开展用户满意度调查、数据服务评测等管理支撑工作。升级改版后的中国科技资源共享网设立资源目录、国家科学数据中心、服务案例、资源标识等主要版块，于 2019 年年底正式上线运行，首页如图 8.1 所示。

图 8.1　新版中国科技资源共享网首页

二、共享网承担数据信息发布与管理等主要功能

共享网的建设目标是打造科技资源信息丰富、运行稳定可靠、共享服务高效、具有品牌效应的科技资源信息服务门户，发展成为特色鲜明、功能强大、国内先进、在国际上有重要影响的科学数据等科技资源的共享服务中心。

1. 数据资源信息的汇交与发布

科学数据信息的集中统一发布是促进数据资源优化配置、提升开放共享水平的重要引擎，《科学数据管理办法》《国家科技资源共享服务平台管理办法》等一系列政策制度的发布实施极大地扩展了科学数据信息汇聚整合的范围。科学数据资源机构按照统一的资源信息标准进行规范，对科学数据进行信息化、标准化处理，整合形成科学数据资源目录，通过共享网进行集中发布。科学数据资源信息主要涉及资源名称、标识符、学科分类、关键词、描述、服务机构、共享途径、申请流程等内容。

为保证科技资源目录信息的质量，提高管理效率，科技资源信息管理模块提供了以下具体功能。①科技资源信息的在线上传、删除、修改和查询等功能，并提供单条更新、批量更新和 API 接口 3 种在线填报方式。②在线审核功能。新版共享网依据科技资源信息汇交相关标准要求，对涉及科技资源的名称、标识符、关键词、描述等字段进行格式验证，对于不符合标准的数据项给出错误信息提示和修改意见，保证汇交信息的准确性和科学性。

2. 数据资源信息的导航、检索与服务

共享网基于数据资源信息建立高效的分布式索引，确保信息能够完成高效的检索，分类导航模块使得检索更加方便，数据提供者和使用者可根据自己的需求进行查找或输入关键词便可以快速找到对应的资源并

查看相关信息。除了提供模糊检索、二次检索、高级检索等多种检索方式，共享网从学科分类和资源特性两个维度对数据信息进行分类，用户可准确定位所需的科学数据。同时，共享网可提供个性化的信息推荐服务和订阅服务。

三、共享网资源整合及服务成效

截至 2020 年 12 月，共享网已按照统一标准规范整合了 20 个国家科学数据中心发布的共计 97 093 条资源目录数据（图 8.2、图 8.3）。

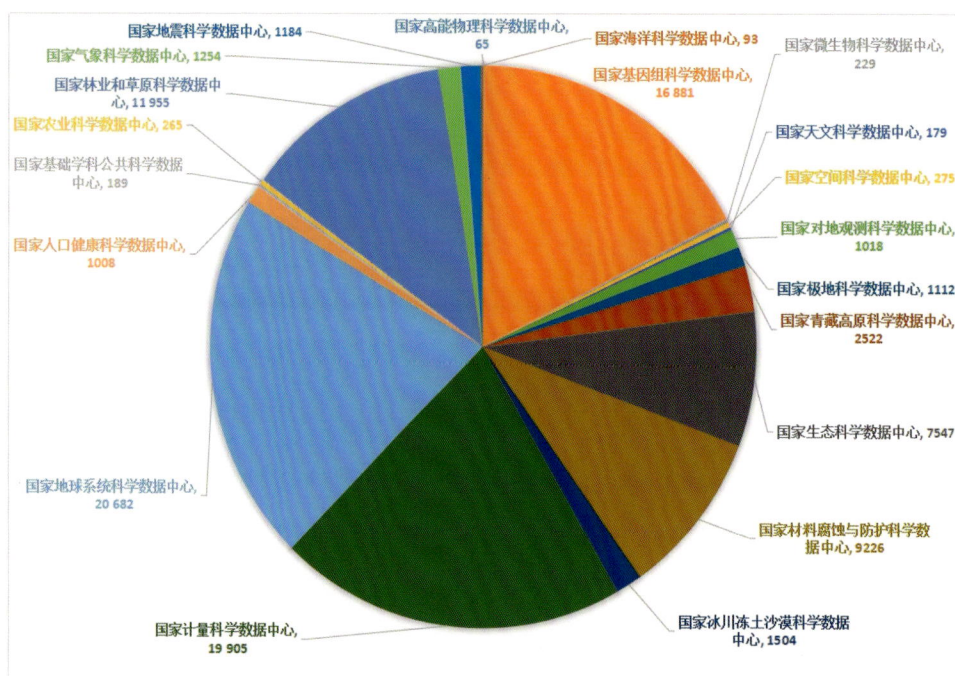

图 8.2 国家科学数据中心资源信息数量分布（单位：条）

图 8.3　共享网科技资源分类示意

为促进科学数据资源服务科技创新和经济社会发展，共享网根据国家战略需求和重大时事热点对数据资源信息进行重组，建成新型冠状病毒肺炎、中国洪涝灾害、东北黑土地保护性耕作、全球陆表特征参量、荒漠化防治等主题资源信息库，通过整合主题资源信息减少科研人员查找信息的困难，提供便捷的数据资源服务。截至 2020 年 12 月，新版共享网围绕平台资源特色、国家发展重点和社会普遍关注的热点问题，已建设发布 35 个主题资源。组织国家基因组科学数据中心、国家微生物科学数据中心、国家病原微生物资源库、国家地球系统科学数据中心、国家人口健康科学数据中心联合创建"新型冠状病毒肺炎科技资源服务专题"（图 8.4）。组织国家对地观测科学数据中心、国家青藏高原科学数据中心、国家地球系统科学数据中心、国家气象科学数据中心创建"中国洪涝灾害数据服务专题"。

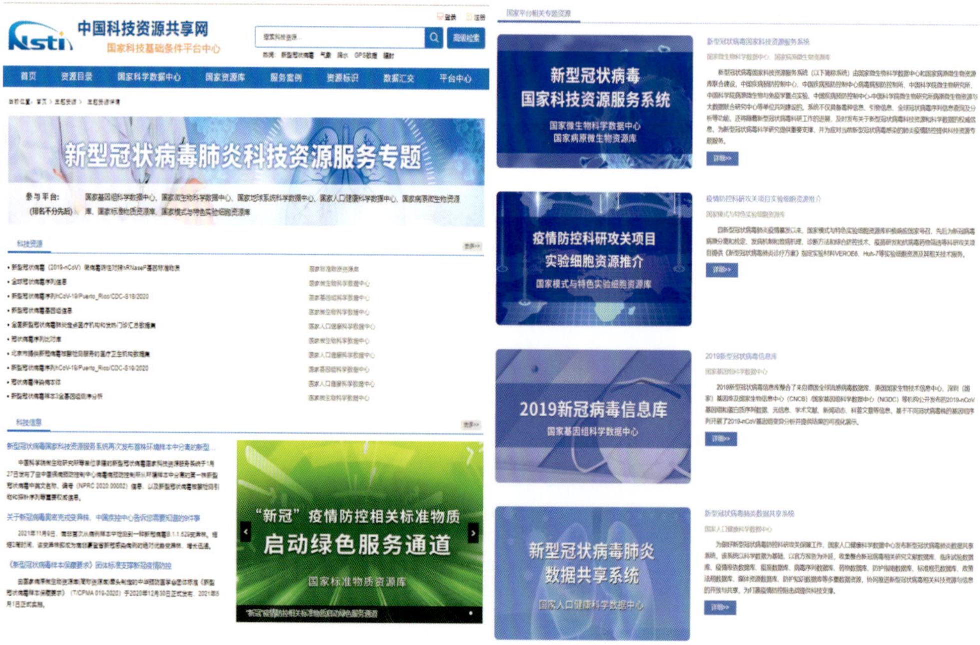

图 8.4　共享网主题资源“新型冠状病毒肺炎科技资源服务专题”

第九章 科学数据应用服务

近年来，科学数据在驱动科研创新发展、支撑国家宏观决策、服务企业自主创新、推动全民科普教育等诸多方面发挥重要作用，应用服务范围不断扩展，支撑服务程度不断加深，在服务科技创新和经济社会发展中不断取得新的进展与成效。

一、驱动科学创新发现，助力科学研究

科学数据驱动科学前沿创新研究，为科研提供丰富的基础研究资源，扩展了科学研究的范围和视角，充分开放共享和高效重复科学数据利用不仅能节省数据生产采集、加工处理等方面的投入，加快科学发现的进程，在科学研究结果可重复性等方面也具有不可替代的作用。

1. 助力量子科学实验卫星天地一体化实验取得重要科学成果

量子科学实验卫星（"墨子号"）于 2016 年 8 月 16 日成功发射，它承载着率先探索星地量子通信可能性的使命，并首次在空间尺度验证量子理论的真实性。国家空间科学数据中心对量子科学实验卫星下行的原始科学实验数据进行预处理，按照计划中的实验类型及序号进行实验数据提取、匹配与切分处理，加工形成数据产品。通过 Web 页面、FTP 服务、共享目录远程挂载、云存储空间二次转发等多种服务方式，面向首席科学家、研究团队、工程团队及其他合作研究团队，实现"墨子号"科学数据的有条件共享，支持科学团队开展卫星天地一体化实验与结果研究。

2020 年，国家空间科学数据中心向量子科学实验卫星首席科学家及其研究团队和工程团队提供 1 A、1 B、1 C 级科学实验数据产品，1 A、1 C 级遥测数据产品，轨道根数、精密星历等辅助数据产品共 136 类产品总计 118 685 个，数据总量达 265.48 GB。星地安全时频传递的重要科学成果于 2020 年 5 月在线发表于 *Nature Physic*，论述了星地单光子时间传递、高速率星地双向异步激光时间应答器等关键技术突破。我国实现了星地量子安全时间同步的技术验证，获得了 30 皮秒精度的星地时间传递，精度达到了星地激光时间传递的国际先进水平，是国际上首次量子安全时间传递的原理性实验验证（图 9.1）。

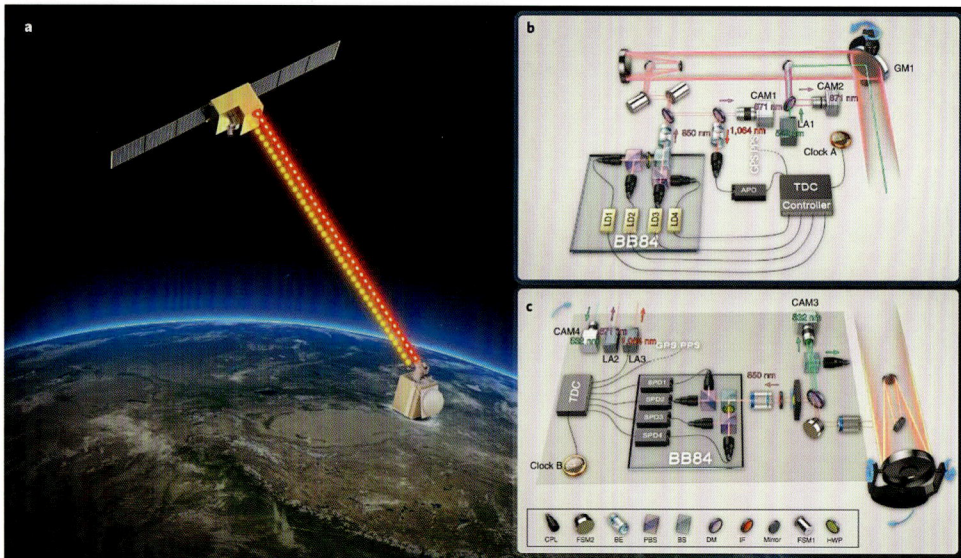

图 9.1 星地安全时频传递实验装置[①]

2. 数据驱动发现最高能量的宇宙伽马射线

高能物理科学发现是典型的数据驱动，大科学工程装置产生海量的数据后需要进行巨大的计算处理。有效消除背景噪声后西藏羊八井

---

① DAI H，SHEN Q，WANG C Z，et al. Towards satellite-based quantum-secure time transfer [EB/OL]. [2021–05–21]. https://doi.org/10.1038/s41567–020–0892–y.

ASgamma 实验是国际上最灵敏的 100 TeV 以上能区伽马射线天文台，国家高能物理数据中心长期全面负责羊八井宇宙线观测站数据传输、存储、处理及全球共享，为天体物理学家提供服务。科学家利用过去 15 年积累的羊八井宇宙线观测数据、地下缪子水切伦科夫探测数据联合开展超高能伽马射线的研究，在 2019 年 7 月发现高能量的宇宙伽马射线（图 9.2）。

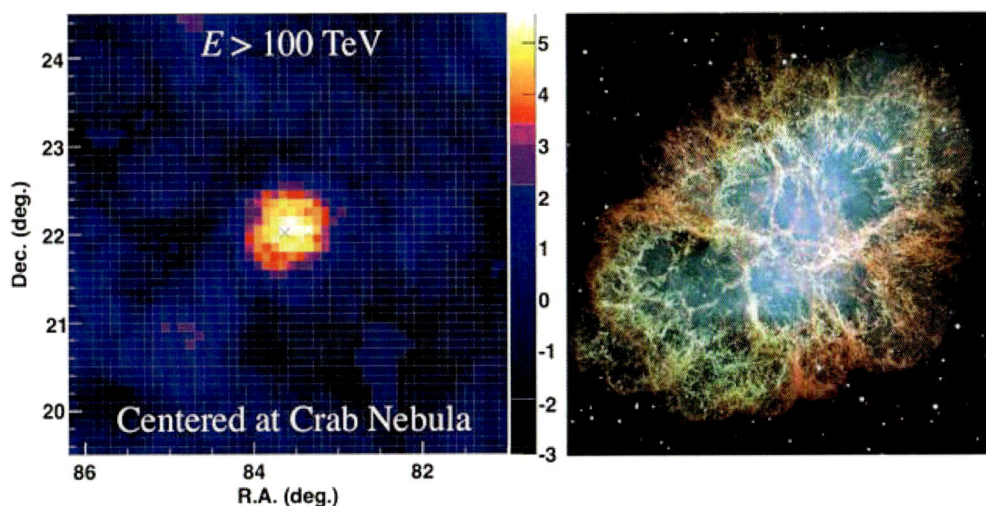

a 西藏羊八井 ASgamma 实验观测到蟹状星云方向 100 TeV 以上的伽马射线

b 美国哈勃望远镜观测的蟹状星云[①]

图 9.2　数据驱动发现高能量的宇宙伽马射线

3. 专业化数据和技术服务助推 FAST 项目产出典型发现

500 米口径球面射电望远镜（Five-hundred-meter Aperture Spherical radio Telescope，FAST）是我国"十一五"重大科技基础设施建设项目，由中国科学院国家天文台主导建设，具有我国自主知识产权。作为世界最大单口径、最灵敏的射电望远镜，FAST 被誉为"中国天眼"，于 2020 年 1 月 11 日正式开放运行。国家天文科学数据中心为 FAST 科学观测和运行管理提供系统研发、数据管理、分析挖掘等专业化数据服务和技术

---

① 图片来源：NASA。

服务，并取得良好进展，设计开发的 FAST 门户网站观测项目管理系统入选"2020 年度中国科学院信息化应用优秀案例"。

科学家利用 FAST 数据中心集群进行数据处理，产出一批重大科学成果。2020 年 4 月，研究人员利用 FAST 观测数据，在球状星团 M92 中发现一个典型的"红背蜘蛛"脉冲双星系统 M92 A，距离地球约 2.6 万光年，这是科学家在 M92 中首次探测到的脉冲星，该发现被美国天文学会选为亮点研究成果。同年 5 月，研究人员与其合作者利用自主研发的搜寻技术，结合深度学习人工智能，对 FAST 海量巡天数据进行快速搜索时发现一个新的快速射电暴，这是 FAST 首次观测到银河系内的快速射电暴，成果入选《自然》公布的 2020 年十大科学发现。

4. 一站式科学数据共享服务支撑第二次青藏高原综合科学考察研究

开展第二次青藏高原综合科学考察研究（简称"第二次青藏科考"），对推动青藏高原可持续发展、推进国家生态文明建设、促进全球生态环境保护具有十分重要的影响。科学数据是第二次青藏科考的核心成果之一，对其进行有效的管理和共享，是实现青藏科考目标的重要基础，也是我国在青藏高原地区的战略科技资源储备。

国家青藏高原科学数据中心负责第二次青藏科考数据的汇交和管理工作。为做好数据汇交和管理工作，该数据中心制定了《第二次青藏高原综合科学考察研究数据管理细则》，规范了青藏科考数据汇交的组织管理、汇交流程、共享服务和数据安全等方面的政策，以保障数据长期安全的保存和管理，促进数据有序共享与充分利用。同时，该数据中心为青藏科考团队提供安全、可靠、便捷的一站式科学数据共享平台，助力第二次青藏科考的顺利开展，支撑青藏高原地球系统科学综合研究。2019—2020 年，科考任务累计汇交 290 多个数据集。此外，该数据中心制备并提供了高质量的青藏高原基础数据集（包括地理位置、地形地貌、数字高程、土壤分布、冰川、积雪、河流、冻土、气候驱动数据等），研发了高精度高分辨率的冻土、雪深、驱动数据、太阳辐射等特色数据产品，并针对不同的科考任务需求提供相关数据服务。2020年，该数据中心累计为第二次青藏科考相关任务专题提供500余个数据集，数据服务超过900次。

二、支撑国家宏观决策，服务国计民生

科学数据在支撑国家宏观决策、服务生态文明和生态环境建设等方面发挥重要作用，国家科学数据中心作为支撑国家宏观决策的重大基础设施，为濒危生物保护、旱涝地震预警预报、道路安全设计施工、三农问题等国家战略需求及社会热点应用提供有力的数据支撑。

1. 建设高质量生态专题数据库，支持区域生态环境建设

国家生态科学数据中心为支撑服务生态环境部监测司的有关工作，编制了生态监测数据共享战略研究报告，以及地面生态监测网络布局方案。以多部门生态监测站点共建共享为基础，提出实现跨部门、跨领域生态地面监测数据共享的战略研究报告，支持全国生态地面监测数据产品开放共享服务。在此基础上，提出体系完整且布局合理的国家生态地面监测网络布局方案，使其监测范围覆盖我国主要生态系统类型，特别是生态红线区、重点生态功能区、自然保护区等重要区域，有力支撑了我国生态地面监测网络建设。

国家冰川冻土沙漠科学数据中心为服务好青海省生态环境厅的有关工作，建成了祁连山、青海湖、三江源数据管理与共享服务平台，为祁连山和三江源区生态监测综合服务提供了标准规范与技术支持。通过整

合黄河上中游 3 个水土保持观测站和监测中心 60 多年大量的基础性研究成果与观测数据，建立了水土保持专题服务云。对数据提交单位进行数据整理与汇交系统培训，对提交的数据进行严格质量评审，生成了一套时间序列长、系统性强且质量较好的黄河上中游水土保持专题数据集，为科研单位、高等院校及其他机构对黄河流域水沙变化、减水减沙措施及效益进行研究提供数据支撑服务。此外，云平台还实现了数据—模型—计算一体化的洪水预警预报过程，通过各个站点观测数据的实时入库，驱动模型计算及模型优化过程，实现小流域洪水的预测预警。

国家气象科学数据中心围绕黄河流域生态保护与高质量发展支撑需求，基于全局性、系统性和联动性原则，聚焦天气气候预报预警服务，建立了黄河流域生态保护与高质量发展专题数据库，更好地服务于黄河流域生态环境保护。研发的快速循环同化预报业务系统 GRAPES 包含雷达、卫星、地面等多种非常规遥感资料同化，能有效提供中小尺度系统数值预报技术支撑，精细化黄河流域地形、地貌、植被应用，以及海气、陆气系统耦合。

2. 应急开通洪涝灾害数据，服务灾害应急救援

2020 年夏季我国多地出现持续强降雨天气，江西、安徽等省市遭受暴雨洪涝灾害，造成重大人员伤亡和经济损失。国家对地观测科学数据中心在中国科技资源共享网及时发布中国洪涝灾害数据服务专题，为应急管理部、水利部、中国气象局、农业农村部、教育部等部门和科研院所提供鄱阳湖、巢湖、太湖等区域的 64 个基础地理数据集、9 颗国产高分辨率卫星的灾害前后遥感数据集、3 期覆盖长江中下游干流及主要湖泊的哨兵一号卫星 10 米分辨率合成孔径雷达（SAR）影像一张图产品，以及全国汛情动态监测信息等超过 557 GB 数据资源，总服务量达到 3.2 TB。

国家地球系统科学数据中心组织人员生产洪涝灾害监测、预测、预

警数据产品，为应急管理部、防汛抗旱总指挥部 2020 年全国洪涝风险预测预警工作提供应急技术支持及专题服务。积极响应国家应急部 2020 年全国洪涝灾害预测预报与分析的需求，牵头组织多家参建单位协同生产数据产品，先后组织数十位水文气象专家成立技术团队，深度集成、优化、自主研发生产了全国洪涝灾害预测预报专题数据集和全国 5 个重点流域共计 157 个基础地理信息数据集。累计提供实时的全国汛情预测预警日报和重点地区淹没与退水遥感分析图件 70 幅，为国家应急管理部和国家防汛抗旱总指挥部调度指挥决策提供智力支持，有效提升了国家防汛抗旱指挥系统的智能化水平，2020 年入选国家应急管理部全国洪涝风险监测预警技术支撑团队。

3. 形成科学分析决策报告，为高寒山区公路施工提供决策咨询

受新疆维吾尔自治区交通规划勘察设计研究院委托，国家冰川冻土沙漠科学数据中心利用多源遥感卫星影像对"温宿—昭苏公路"沿线的冰川、积雪、冻土、地质灾害、断层等信息进行提取，并定量分析地理环境对公路安全设计施工的影响。通过遥感解译分析发现，区域内冰川处于较为活跃的状态，公路易受冰川跃动、冰崩雪崩、冰雪洪水影响。极端年份的高温或强降雪会造成年度的积雪覆盖异常，易引发冬季雪灾或春夏季融雪洪水，对公路安全运行产生较大影响。研究报告为"温宿—昭苏公路"施工选线提供了重要决策支持参考。

4. 编制西藏阿里地区活动断层分布图，服务地区防震减灾

2020 年以来，西藏阿里地区多次发生 5.0 级以上地震。由于阿里地区防震减灾工作基础薄弱，地震构造复杂，应对震情形势急需与地震构造背景相关的数据和图件支持。为积极响应援藏工作，国家地震科学数据中心主动服务，以活动断层探察数据为基础，综合文献、工程报告等

资料编制完成"阿里地区活动断层分布图"，提交地方使用，第一批次为阿里地区防震减灾局印制和邮寄了 20 张布纸版、15 张塑封版，第二批次又提供了 2 米大幅布纸版和塑封版各 20 张，获得西藏地震局、阿里地区地震局好评。

5. 开发近海养殖海域监测系统，支持海洋水产养殖与捕捞

国家海洋科学数据中心通过安装 "知海宝"在线监测设备与水质预警预报系统等方式，为大连玉洋集团股份有限公司、大连泓义渔业科技有限公司和白河县兴源家庭农场有限公司等单位提供养殖区水温在线连续监测数据服务。"知海宝"作为轻量级近海养殖海域海洋环境剖面监测系统，将海洋环境实时立体监测系统硬件价格由 50 万元减少到 2500 元以内，做出了让渔民买得起的在线海洋环境监测系统，获得了养殖企业与个人的认可。该系统的推广应用在一定程度上解决了我国近海立体海洋环境数据不足、监测设备昂贵的难题，为海洋渔业、生态环境保护、政策法规制定提供了坚实的支撑，具有重要的社会价值与经济价值。

6. 开展灾害风险评估与模拟预测，服务加勒万河谷遂行任务

加勒万河谷地区属于典型的高原高寒地区，冰雪、滑坡、泥石流、洪水灾害频发，对遂行任务造成困难和危险。为保障加勒万河谷区域行动任务安全，国家冰川冻土沙漠科学数据中心开展了加勒万河谷致灾因子数据制备与分析，完成了河谷内气温、降水、冰川、冻土、积雪、滑坡、泥石流、洪水等特殊地理要素分析，得到了该区域近百年尺度气温降水变化趋势、冰川冰湖分布与稳定性特征、冻土分布时空特征及大范围积雪覆盖与积雪深度情况。基于上述工作对该区域雪崩、冰崩、滑坡、泥石流、地震及其引起的融雪洪水等灾害风险进行评估，并对可能发生的洪水进行模拟预测，为遂行任务提供支持，受到遂行任务上级部门的充分肯定。

7. 多种科学观测数据支撑恩克斯堡岛新建站环境评价

中国拟在罗斯海地区特拉诺瓦湾（Terra Nova Bay）的恩克斯堡岛上建立考察站，为南极海洋、气—冰—海相互作用及冰间湖生态过程等多学科监测研究提供新的平台。国家极地科学数据中心提供的气象观测数据、测绘和遥感数据、冰间湖环境数据、生物观测数据和冰川冰架相互作用数据，为我国根据《关于环境保护的南极条约议定书》和《南极海洋生物资源养护公约》对新建站开展环境评价提供了重要依据，支撑科学研究和后勤支持活动的同时尽可能减少对周围环境的影响。

三、服务企业自主创新，激发创新活力

科学数据在服务科研的同时，不断加强服务产业化创新，支撑"大众创业、万众创新"，融合数据服务机构的技术优势，创新服务模式，在数据服务实践中提升科学数据应用水平。

1. 基于数据的耐蚀调控理论和评价技术支撑国家重点钢铁企业提升国际影响力

针对耐蚀调控微观理论不足和高性能耐蚀钢制备与应用关键技术缺乏等问题，国家材料腐蚀与防护科学数据中心助力国家重点钢铁企业建立了先进的耐蚀调控理论和评价技术，研制了系列钢种及配套技术，实现了我国低合金耐蚀钢升级换代、重大工程示范和产业化。通过科研项目合作和腐蚀数据报告等方式，该数据中心提供了提高耐蚀性的 Nb、Sb、Ca、Re 等微量元素夹杂物软化和微纳米组织调控的技术，以及腐蚀大数据的短期暴晒试验和环境谱试验相结合的腐蚀寿命预测技术，解决了材料产业发展中低合金结构钢耐蚀性差的关键性难题，极大加强了企业核心竞争力，为"双碳战略"下钢铁企业转型起到了引领与示范作用，有力提升了我国重大装备制造水平及其国际影响力。

2. 支撑新材料表面功能改性产品开发，助力港珠澳大桥基础防护工程建设

港珠澳大桥的基础防护工程主要是对钢管复合桩的防腐施工，钢管桩位于海泥环境中，防腐涂层的破坏方式主要来源于打桩过程中的机械损伤、泥沙碎石磨划伤和泥下腐蚀因素的长期侵蚀、性能衰退等。国家基础学科公共科学数据中心利用其下的有机高分子数据库中纤维材料及改性助剂材料信息，为参与港珠澳大桥建设的公司在织物表面功能改性、提高合成纤维织物的亲水性、功能化特性的项目开发等方面提供重要数据支撑，最终完成了新材料表面功能改性的产品开发，为港珠澳大桥的基础防护工程提供强有力的数据支持。

3. 计量数据共享，支持电动汽车产业质量技术提升

国家计量科学数据中心利用资源技术优势，支持行业自主创新，拓宽公众服务范围。通过收集电动汽车动力电池、充电设施在研发、生产、安装验收、使用过程中的关键问题，梳理产业发展需求，研究国家质量基础设施对电动汽车产业的协同推动作用，为电动汽车的生产方、使用方、监管方提供优质的计量服务，提升电动汽车动力电池和充电设施质量水平、安全水平，促进电动汽车产业良性、高质量发展。为填补电动汽车电池相关标准空白，该数据中心研制了首个在用电动汽车计量检测的地方标准《电动汽车车载锂离子动力电池系统检测方法》（DB4403/T 20—2019），规范车载锂离子动力电池系统关键技术要求、检测条件及方法，同时与深圳市发展和改革委员会共同修订了《深圳市新能源汽车充电设施安全检查工作导则》，以构建完善的测评体系，推动产业健康发展。

四、推动全民科普教育，扩展公众服务

利用科学数据开展科普教育一直是数据成果应用推广的重要组成部分。2020 年受新冠肺炎疫情影响，多个国家科学数据中心的科普活动改为线上进行，通过开发科普宣传特色工具、科普频道、微信公众号等举措，进一步拓展了科学数据传播的途径及社会影响。

1. 创办"林家讲堂"栏目，传播兴林富民科技信息

国家林业和草原科学数据中心在微信公众号"林家那些事儿"创办了"林家讲堂"栏目，把科技信息传播给基层政府和广大群众。"林家讲堂"栏目拥有用户近 3 万名，2019 年公众号"林家那些事儿"获得全国林业行业最高奖项——第八届梁希科普奖一等奖。2020 年，"林家讲堂"栏目共发布 47 篇文章和 20 个视频，通过微信平台扩大了林草科技信息传播渠道，开创了科技下乡的信息化、网络化模式。

2. 开展校园科普活动，激发学生探索宇宙线兴趣

2020 年以来，国家高能物理科学数据中心结合领域重大科技基础设施和实验需求，积极组织开展多项科普服务，宣传高能物理科学数据相关知识。2020 年 8 月 24 日，第一届高能物理计算暑期学校通过线上方式举办，科研人员、工程师和学生等 400 多人报名参加并进行学习交流，涉及 60 多所高校和研究所。2020 年 9 月 28 日，中国科学院高能物理研究所发起并成立了校园宇宙线观测联盟（Campus Cosmic-ray Observation Cooperation），推进我国校园宇宙线观测网建设，普及宇宙线知识，开展宇宙线科学研究，有力激发了学生探索宇宙线的兴趣，极大促进了高校创新型人才培养。

3. 提供气象三维可视化服务，提升气象数据服务效能

国家气象科学数据中心充分发挥气象专业知识领域基础数据资源和可视化技术优势，对社会公众的气象科普手段拓展创新，推进三维气象数据的可视化应用（图9.3）。围绕台风这种影响范围广、发生频率高、持续性时间长、灾情重的极端天气事件，建立了气象三维可视化专题，并正式上线提供服务。自2019年5月以来，用户访问量达81.8万人次。通过气象三维可视化专题系统及时高效地对复杂气象数据进行快速处理，以及可视化图形产品的共享发布，促进了气象数据在经济、民生等领域的利用。

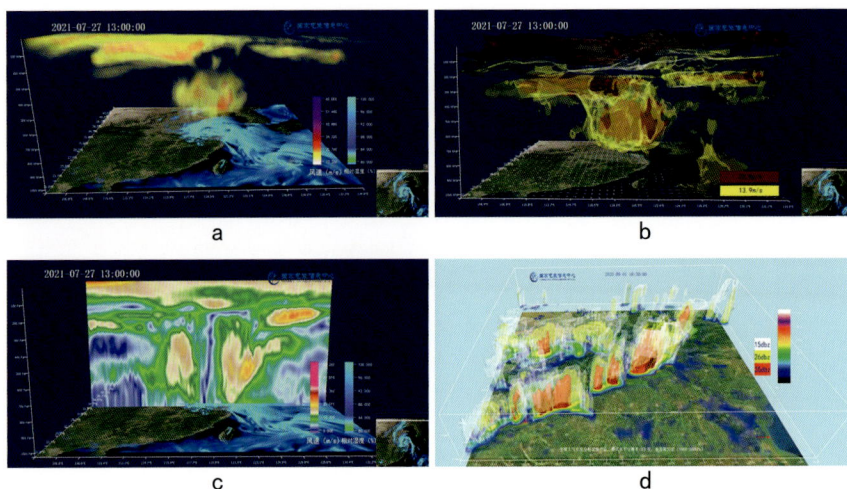

图9.3　三维可视化效果

4. 开展天文数据科普，激发大众探索天文知识兴趣

2020年以来，国家天文科学数据中心充分发掘天文科学数据的科普教育价值，通过与企业、机构合作，升级万维望远镜天文数据可视化平台系统，通过在线培训及慕课等形式，在激发大众探索天文知识兴趣、宣传天文数据相关知识等方面取得了积极成效。该数据中心依托万维望远镜平台开展天文科普，辅助学校教学及天文成果展示。截至2020年年

底，共建设万维天象厅、天文教室 22 座（间），辐射人群超过 10 万人。与星明天文台合作，开展全民科学项目——公众超新星搜寻，截至 2020 年年末，已有 1.1 万余名用户参与该项目，利用该平台共计发现 32 颗超新星及河外新星候选体，其中 18 颗超新星及 6 颗河外新星获得光谱认证。2020 年，陆续开展了万维望远镜宇宙漫游制作课程（升级版）、漫游大赛进阶指导、天文数据与 Python 技术培训等在线课程，累计近 2 万人参加培训。

第十章　科学数据国际合作与交流

置身国际开放科学、开放数据大环境，我国积极参与国际科学数据工作，持续推进科学数据国际交流合作。在战略区域性合作中，我国利用各学科领域科学数据和技术方法，为"一带一路"区域提供科学数据服务。通过与国际权威机构合作共建，增强国家科学数据中心的国际显示度。同时，通过多种渠道和方式加强科学数据交流、宣传，国际合作取得积极进展。

一、CODATA 学术年会在京召开，并发布《科研数据北京宣言》

2019 年 9 月，"开放科学数据的政策与实践"国际学术研讨会在北京召开。此次大会以"迈向下一代数据驱动的科学：政策、实践与平台"为主题，由中国科学院和中国科学技术协会指导、CODATA 及 CODATA 中国全国委员会举办，中国科学院计算机网络信息中心承办，中国科学院、国家科技基础条件平台中心、中国科协、国际数据委员会等单位代表出席开幕式并致辞，共有来自六大洲、45 个国家（地区）的 300 余人参加大会。

会议共设置 36 个并行分会，分享全球范围内不同国家、不同学科领域在数据开放政策、数据基础设施能力建设、数据驱动科学发现的最佳实践等方面的经验，深度剖析大数据时代面临的机遇与挑战，探讨高效可行的综合解决方案。我国科学家参与了其中 11 个分会的组织工作、60 余人次发表了研究报告，内容涉及敏感数据管理、机构研究数据管理计划、领域科学数据实践、FAIR 原则的实施、数据政策与科研文化、数据与联合国可持续发展目标 SDGs、研究与数据基础设施、开放科学全球合作等方面（图 10.1）。

图 10.1　CODATA 2019 学术会议代表合影

此外，作为 CODATA 北京 2019 大会边会，"开放科学数据政策与实践高级别国际研讨会"围绕开放数据获取的优先和边界、数据共享的激励机制和计量方法、科学数据管理的可持续性和可信性及开放科学数据先进基础设施建设等 4 个方面展开。组织地球科学与环境遥感科学、基因与微生物科学、长期生态观测数据和天文科学 4 个数据密集型典型领域方向分组讨论，12 位中国代表参与报告发言。同时，多位中国专家参与了会上同期进行的 CODATA《科研数据北京宣言》草案评议工作。2019 年 11 月，该宣言于 CODATA 官网正式发布，《科研数据北京宣言》肯定了世界各地已发布的数据政策和实施进展，强调在科学数据领域开展全球性广泛合作的重要意义，提出推进相关领域多边合作的核心原则。

《科研数据北京宣言》

《科研数据北京宣言》是 CODATA 及其国际数据政策委员会于 2019 年 9 月在北京召开的"开放科学数据的政策与实践"国际学术研讨会的主要成果之一。该宣言将公共科研数据开展多边合作的广泛社会意义总结为五大方面，包括：一是国际社会需要围绕联合国近期发布的具有里程碑意义的协议，携手应对环境、健康、可持续发展等人类面临的共同挑战，这对多边和跨学科合作及广泛的数据重用提出了更高的要求；二是日益丰富的科研数据已成为解决复杂科学问题特别是实现可持续发展目标相关问题的关键要素及驱动力，全球科学界需要提升数据互操作和管理水平，以满足整合和重用数据的需求；三是技术的迅猛发展为数据规模增长、数据管理共享与重用带来了重大挑战与机遇；四是不断发展的标准规范和伦理制度对提升科研透明度和质量提出了新的要求，全球科学界需要提升数据重用水平，支持对科研结果的重复验证；五是开放科研数据是全球开放科学计划的必要组成，相关举措已覆盖到经济欠发达的国家（地区），有必要通过广泛的合作使这些区域分享技术发展的红利，缩小科学生产的鸿沟。

该宣言提出 10 条原则，核心内容包括：数据管理能力建设和数据政策体系建设的必要性；科研数据全球公共产品的基本属性；全球数据同盟与开放数据的 FAIR（可发现、可获取、可互操作、可重用）原则；公共经费资助产出的科研数据应尽可能在全球范围内共享重用；科研数据的互操作性；数据限制访问和重用的特例情况；数据版权及其他知识产权的国家立法保护与国际通用许可；数据管理计划制度；开放公共经费资助产出的科研数据和信息是缩小科学生产鸿沟的必要举措；关于宣言落地实施举措的建议等。

二、在"一带一路"区域性合作中发挥重要作用

我国持续为"一带一路"沿线国家（地区）的相关科研机构提供科学数据共享等服务，扩大我国科技的国际影响力。地球大数据平台支撑"数字丝路国际合作计划"优质数据产品国际化共享，是"一带一路"地球大数据应用服务的全新解决手段。根据"一带一路"地球大数据的特点，数字丝路国际合作计划采用数据管理与信息挖掘的方法和模型，在地球大数据平台上实现多源数据信息的集成、数字再现与多要素交叉集成评估，服务于"一带一路"可持续发展的科学决策。

此外，国家科学数据中心与各参建单位有效结合与深度合作，开展合作创新，实现领域数据资源的共享共建。国家基因组科学数据中心组建国际生物多样性与健康大数据联盟，加强与国际成员单位合作以提高该中心国内外影响力。国家林业和草原科学数据中心开展面向湄公河五国经济林发展与减贫的专题服务，初步形成了澜湄流域国家林业科学数据合作与交流的联盟。国家材料腐蚀与防护科学数据中心建成了覆盖东南亚典型环境 11 个观测点的"一带一路"东南亚环境材料腐蚀与防护野外科学观测研究站网。

国际生物多样性与健康大数据联盟

为促进全球生物多样性和健康大数据的汇交与共享，争取国际计划主导地位，我国牵头的"国际生物多样性与健康大数据联盟"（Global Biodiversity and Health Big Data Alliance，BHBD）2018 年 10 月正式成立。该组织由中国科学院北京基因组研究所（国家生物信息中心）发起。巴基斯坦真纳大学、泰国朱拉隆功大学、沙特阿普杜拉国王科技大学、俄罗斯科学院遗传研究所为联盟创始成员，同时组建了联盟理事会和秘书处，总部设在北京。2019—2020 年，联盟成员积极开展合作交流和数据共享，取得了初步成果，吸引尼泊尔、法国、巴西、印度、马来西亚、摩洛哥等国家的多个研究机构纷纷加入，截至 2020 年年底，成员单位已达 27 个。

面向湄公河五国经济林发展与减贫的专题服务

国家林业和草原科学数据中心开展面向湄公河五国（柬埔寨、老挝、缅甸、泰国、越南）经济林发展与减贫的专题服务，参与打造致力于亚洲命运共同体建设的服务平台。2019 年，国家林业和草原科学数据中心开展了专题服务前期调研工作，以广西数据分中心为主，10 月赴越南与中国驻越南大使馆、越南林业大学探讨了围绕澜湄开展的林业相关合作与交流，并于 11 月赴泰国与中国驻泰王国大使馆、泰国皇家猜帕他那基金会、泰国农业与合作部农业研究中心探讨围绕减贫将开展的中泰林业合作。根据中越、中泰林业交流共识，初步制定了澜湄流域林业科学数据合作的工作方案，并推动其不断完善。

"一带一路"东南亚环境材料腐蚀与防护研究

国家材料腐蚀与防护科学数据中心先后与 20 个国家（地区）签订协议，开展"一带一路"复杂服役环境材料腐蚀大数据评价与预测研究，所开发的系列化耐蚀钢及腐蚀快速评价技术在中马友谊大桥、印尼雅万高铁、巴西淡水河谷大桥等海外重点工程应用，支撑首钢、南钢、鞍钢等企业耐蚀新材料走出国门，有力推动了我国低合金耐蚀钢升级换代、重大工程示范和产业化，为我国钢铁业高质量发展和"一带一路"海外重大工程做出了重要贡献。研发的"材料服役行为在线监测系统"在路网实际运行动车组应用，完成了国际最大规模的高铁材料腐蚀试验，研究成果在我国及海外 28 项高铁重大工程上示范应用。相关成果获 2019 年北京市技术发明奖一等奖和 2020 年湖北省科学技术进步奖一等奖。

三、科学数据国际合作与交流全方位展开

依托中国科学院 A 类战略性先导专项"地球大数据科学工程"，地球大数据科学数据中心汇聚融合多学科资源，面向可持续发展目标开展研究，专项入列联合国可持续发展技术促进机制在线平台，为国际社会填补了科学数据和方法论方面的空白。连续两年编写《地球大数据支撑可持续发展目标报告》，该报告为中国政府的正式文件，由国家领导人在第 74 届和第 75 届联合国大会上发布。报告内容展示了中国利用地球大数据技术支持联合国 2030 年可持续发展议程落实和政策决策的探索与实践，揭示了有关技术和方法对监测评估可持续发展目标的应用价值和

前景，为加快落实 2030 年议程提供了新视角和新支撑。

2020 年，国家人口健康科学数据中心与世界中医药学会联合会共同举办了 7 场中医药抗疫专家经验全球分享活动，聘请在武汉前线参与救治的著名中医药专家学者张伯礼、黄璐琦、仝小林、刘清泉、张忠德、叶永安、方邦江等对话直播，开通中英同传，并在意大利专场开通意语频道。全球收视覆盖 70 多个国家（地区），累计点击量超过 120 多万人次。

国家青藏高原科学数据中心 2020 年 12 月牵头在国际著名数据期刊《地球系统科学数据》（*Earth System Science Data*，*ESSD*）组织专刊 *Extreme Environment Datasets for the Three Poles*（图 10.2）。该期刊专注于发表地球学科领域数据论文，致力于分享科学数据，以推动地球系统科学发展，2020 年度影响因子为 10.951。该专刊聚焦于三极（南极、北极和青藏高原）极端环境数据的共享和发表，促进数据识别、共享和跨学科科学研究，提升了我国地学领域科学数据的国际影响力。

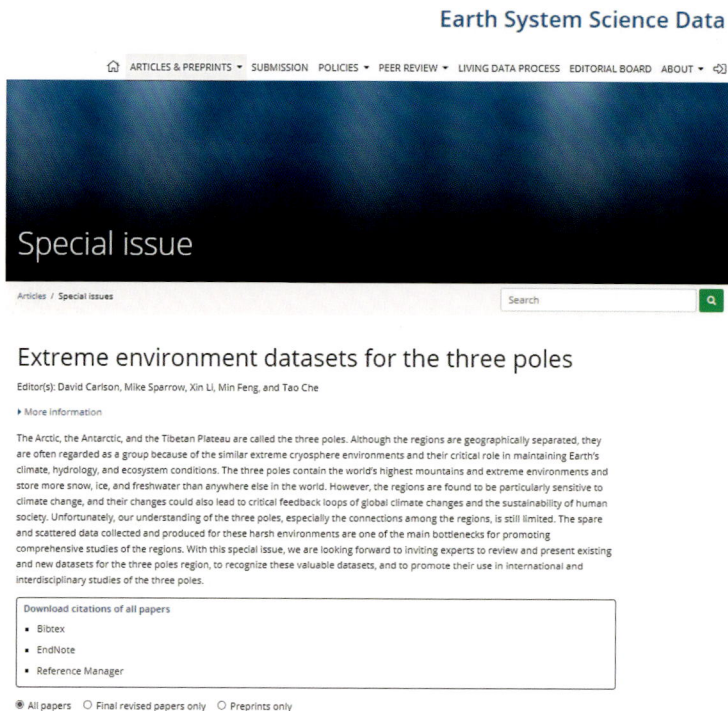

图 10.2　在 *ESSD* 组织专刊 *Extreme Environment Datasets for the Three Poles*

2020 年 2 月，为落实中欧"蓝色年"成果，在自然资源部国际合作司和欧盟海洋与渔业总司的共同指导下，国家海洋信息中心和欧洲海洋观测与数据网启动实施"中国—欧盟海洋数据网络伙伴关系"合作项目，通过欧中海洋外交促进国际海洋数据资料合作。

四、科学数据工作得到国外同行高度认可

1. 我国多个国家科学数据中心获得国际认可

自 2019 年国家科学数据中心正式成立以来，我国科学数据中心的服务能力不断提升，部分科学数据平台服务能力处于国际前列，得到国际认可，获得系列认证。

2020 年 7 月，国家青藏高原科学数据中心被 Scientific Data 和 Springer Nature 收录为"地球、环境与空间科学"领域的推荐数据存储库，是国内首个 Nature 认证推荐的数据仓储库，成为 Nature 及其子刊的文章投稿时可靠和便捷的数据汇交平台和数据仓储中心，为青藏高原研究相关原创数据的分享提供保障，有效提升相关科学数据在国内的规范管理、开放共享和高效利用。

2020 年 9 月，中国科学院计算机网络信息中心自主研发的科学数据银行 ScienceDB 成为国内首个被 Scientific Data 和 Springer Nature 推荐的通用型数据存储库，是全球范围内继 Dryad、Figshare、Harvard Dataverse、OSF、Zenodo、Mendeley Data 之后的第 7 家被收录的通用型存储库。ScienceDB 的收录意味着今后由我国公共财政资助项目产生的论文成果发表至 Scientific Data 及 Springer Nature 旗下所有期刊时，论文关联的科学数据可以存储在国内。此前，ScienceDB 已被 Cell Press、Elsevier、AGU 收录为其推荐的通用型数据存储库，已获得 Zenodo 的

中国镜像权，可在国际索引平台 FAIRSharing、re3data、OPENDOAR、ROAR 注册。

核心信任印章（Core Trust Seal，CTS）数据中心认证体系是国际科学理事会世界数据系统在全球推出的一套认证系统，已得到国际权威机构的广泛认可。继国家天文科学数据中心成为亚洲首个获得 Core Trust Seal 国际认证的数据中心之后，国家空间科学数据中心、国家地球系统科学数据中心的地球物理分中心及可再生资源与环境数据中心也相继获得该项认证。在获得认证的同时，国家空间科学数据中心佟继周副研究员加入 Core Trust Seal 评审专家组，参与认证审查工作。

2. 我国在国际生物技术标准委员会主导的第一个国际标准发布

2020 年 11 月 12 日，国际标准化组织生物技术委员会（ISO/TC 276）正式发布《微生物资源中心数据管理和数据发布规范》（简称 "ISO 21710：2020"，Biotechnology — Specification on data management and publication in microbial resource centers）（图 10.3）。该标准由国家微生物科学数据中心（世界微生物数据中心）牵头起草，是国际微生物领域第一个数据标准。该标准提供了一组数据发布字段集合，以提高微生物资源中心数据交换和管理规范，提高数据和信息的准确性与可靠性。该标准适用对象为微生物资源中心、监管机构、认证机构或组织，适用场景为评价适用对象的数据管理能力。

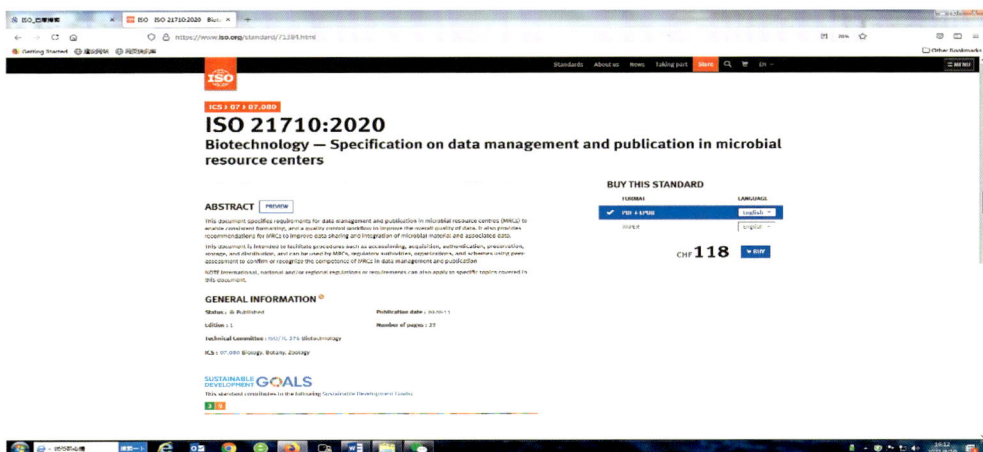

图 10.3　ISO 21710:2020 标准发布页面

3. 我国科学数据工作者在国际组织任职并获奖

我国科学数据工作者得到国际组织的充分肯定和认可，担当重要职务。2019 年，国家天文科学数据中心主任崔辰州研究员担任国际虚拟天文台联盟主席及国际虚拟天文台联盟教育兴趣组主席。国家生态科学数据中心何洪林研究员担任国际长期生态学研究网络委员及国际长期生态系统研究网络信息管理委员会委员。2020 年，中国科学院地理科学与资源研究所王卷乐研究员担任世界数据系统 WDS 科学委员会委员，中国科学院空天信息创新研究院张连翀博士当选为世界数据系统 WDS 青年科学家联盟（WDS-ECR Network）共同主席，任期 3 年，这是我国青年科学家首次担任该职务。中国科学院大气物理研究所成里京获得世界气候研究计划和全球气候观测系统联合发布的"国际数据奖"。

第十一章　我国科学数据资源发展展望

　　科学数据在全球经济运转中的价值日益凸显，随着数据成为数字经济时代的全新生产要素，其权属界定、价格形成、交易流通、开发利用等各个环节均存在诸多问题和挑战。以国家科学数据中心为牵引，最大化发挥科学数据资源集成服务能力，构建一体化国家科学数据网络势在必行。面向当前科学数据发展的新特点、新趋势，围绕国家科学数据网络体系构建、数据共享与安全保护机制、科学数据影响力评价等方面提出推动我国科学数据资源发展的建议与展望。

一、以科学数据中心为主体，构建一体化国家科学数据网络

　　科学数据中心是科学数据管理的重要载体，是科学数据汇集、管理、开放共享和长期保存的重要基础设施。一个完善的国家科学数据中心体系将成为科技创新的重要动力。《科学数据管理办法》也明确提出，国务院科学技术行政部门应加强统筹布局，在条件好、资源优势明显的科学数据中心基础上，优化整合形成国家科学数据中心。

　　全面加强国家科学数据中心建设，不断构建完善的国家科学数据中心体系，以国家科学数据中心建设带动科学数据资源统一汇聚，强化国家科学数据中心对科学数据资源的汇聚整合能力，同时通过开展国家科技计划项目产生的科学数据向国家科学数据中心汇交，不断提升国家科学数据中心数据资源质量和规模，使科学数据资源发展成为助力我国科

技创新的重要源泉。

加快推动国家科学数据中心和各类科学数据中心以科学数据资源标识为核心，建成基于标识的科技资源互联互通体系，构建一体化国家科学数据网络，实现科学数据全生命周期的互联互通，为科学数据服务、数据安全和影响力评估等提供重要保障。

二、推动数据要素市场化配置，探索开放共享与安全保护机制

党的十九届四中全会决议通过的《中共中央关于坚持和完善中国特色社会主义制度推进国家治理体系和治理能力现代化若干重大问题的决定》中，首次将数据增列为生产要素，要求"健全劳动、资本、土地、知识、技术、管理、数据等生产要素由市场评价贡献、按贡献决定报酬的机制。"

数据作为生产要素按贡献参与分配，需要确定数据资源产权属性，规范数据交易制度，保障数据安全，为数据交易和数据要素市场提供稳定的基础。在科学数据要素市场化配置过程中，要平衡科学数据开发利用、开放共享、自由流动、数据权属和数据安全之间的关系，完成数据要素资源的有效配置。

数据作为资产，是最具时代特征的新生产要素，逐渐成为经济发展中新的生产力及新的价值资源。随着数据持续地发酵、传播和加深，以及智能化应用的不断发展，对于数据的利用则会出现更多维度、更有深度的需求。同时，推动数据安全保护与数据开放共享之间保持必要的平衡，加强数据安全保护，推动数据要素资源有效配置。制定数据隐私保护和安全审查制度，推动数据分类分级安全保护制度。

三、探索完善符合我国科学数据发展的影响力评价体系

2019 年 6 月，中共中央办公厅、国务院办公厅印发《关于进一步弘扬科学家精神加强作风和学风建设的意见》，指出高等学校、科研机构和企业要加强对本单位科研人员的学术管理。建立科学的学术评价体系，加强科学数据影响力评价是新时代完善科学数据管理工作体系的必然要求。在推动科学数据开放共享应用过程中，科学数据影响力评价研究具有重要的促进和引导作用。只有在广泛意义上达成科学数据共享开放共识，才能进一步发挥科学数据的价值，提高科学数据的影响力。

同时，科学数据影响力研究与评价将对数据利益相关方产生激励，进而提高其共享数据的热情，加快科学数据的流动。加强科学数据影响力研究可以借鉴传统出版物的评价体系，结合科学数据自身特征，厘清各项指标对于科学数据的切实意义，同时结合我国科学数据发展实际需要，探索完善与之相符的影响力评价指标，构建适用可行的评价体系，推动我国科学数据影响力评价健康发展。

附　录

附录 1　国家科学数据中心相关信息

序号	名称	依托单位	访问地址
1	国家高能物理科学数据中心	中国科学院高能物理研究所	https://www.nhepsdc.cn/
2	国家基因组科学数据中心	中国科学院北京基因组研究所	https://bigd.big.ac.cn/
3	国家微生物科学数据中心	中国科学院微生物研究所	http://www.nmdc.cn
4	国家空间科学数据中心	中国科学院国家空间科学中心	https://www.nssdc.ac.cn
5	国家天文科学数据中心	中国科学院国家天文台	https://nadc.china-vo.org
6	国家对地观测科学数据中心	中国科学院遥感与数字地球研究所	http://www.chinageoss.cn
7	国家极地科学数据中心	中国极地研究中心	http://www.chinare.org.cn
8	国家青藏高原科学数据中心	中国科学院青藏高原研究所	http://data.tpdc.ac.cn
9	国家生态科学数据中心	中国科学院地理科学与资源研究所	http://www.cnern.org.cn/
10	国家材料腐蚀与防护科学数据中心	北京科技大学	http://www.corrdata.org.cn/
11	国家冰川冻土沙漠科学数据中心	中国科学院西北生态环境资源研究院	http://www.ncdc.ac.cn/
12	国家计量科学数据中心	中国计量科学研究院	https://www.nmdc.ac.cn
13	国家地球系统科学数据中心	中国科学院地理科学与资源研究所	http://www.geodata.cn/

续表

序号	名称	依托单位	访问地址
14	国家人口健康科学数据中心	中国医学科学院	http://www.ncmi.cn/
15	国家基础学科公共科学数据中心	中国科学院计算机网络信息中心	http://www.nsdata.cn/
16	国家农业科学数据中心	中国农业科学院农业信息研究所	http://www.agridata.cn/
17	国家林业和草原科学数据中心	中国林业科学研究院资源信息研究所	http://www.forestdata.cn/
18	国家气象科学数据中心	国家气象信息中心	https://data.cma.cn/
19	国家地震科学数据中心	中国地震台网中心	https://data.earthquake.cn/
20	国家海洋科学数据中心	国家海洋信息中心	http://mds.nmdis.org.cn/

附录 2 国家科学数据中心典型数据库

序号	科学数据中心名称	数据库名称	主要内容
1	国家高能物理科学数据中心	散裂中子源实验数据	散裂中子源通过中子谱仪获得实验数据，按照谱仪可以划分为小角散射谱仪实验数据、多功能反射仪实验数据和通用粉末衍射仪实验数据。其中，小角散射谱仪实验数据主要研究纳米至微米尺度材料的微观和介观结构，包括纤维结构、多孔材料、合金材料、散射数据 S（Q）可以通过 Porod（散射强度随散射角度变化的渐进行为）或 Guinier（散射体的尺度及其分布）理论来进行定性和定量的解析。多功能反射仪实验数据主要用来探究用来探索薄膜材料的结构和磁结构，以满足来自材料、凝聚态物理学、纳米化学等众多领域的科学研究。通用粉末衍射仪实验数据主要用于研究材料的体结构和晶体结构及磁性结构。衍射谱仪又分为单晶/粉末衍射、工程衍射、全散射等类型

续表

序号	科学数据中心名称	数据库名称	主要内容
1	国家高能物理科学数据中心	高海拔宇宙线观测站实验数据	本实验数据包括原始数据、模拟数据、重建数据和 GRB 数据。原始数据又分为物理数据和刻度数据。其中，物理数据为原始数据中从探测器获取的包含电子学信号的事例数据；刻度数据为对探测器进行校准、定期执行刻度任务而得到的数据。模拟数据为依照物理模型、运用蒙特卡罗方法产生的类似原始数据的仿真数据。在探测器设计和物理分析中应用广泛。重建数据指从原始（模拟）数据中的电子学信号出发、通过计算还原出事例物理信息（如能量、位置等）的过程，所生成的重建数据用于随后的物理分析。GRB 数据是针对伽马射线暴而专门设立的一种全存盘取数模式，用于研究伽马射线暴
		GECAM 卫星观测数据	GECAM 触发数据产品是 GECAM 卫星观测到的触发事件及相关数据产品和处理分析结果。GECAM 暴发数据产品是 GECAM 卫星观测到的暴发事件及相关数据产品和处理分析结果。GECAM 连续性数据产品是 GECAM 卫星观测到的以时间序列为分隔的数据产品
		2019 新型冠状病毒信息库	该数据库整合了全球多个机构发布的新冠病毒基因组序列数据、元信息、学术文献、新闻动态、科普文章等信息，内容涵盖全球基因组序列的整合和质控、基因组变异分析和时空分布展示、病毒演化与动态跟踪，在线工具、临床信息、文献情报等，不但可以检索全球发布的新冠病毒序列、过滤高质量序列信息、获取病毒变异、注释信息，还可以在线分析病毒序列、动态可视化展示病毒演化及传播关系，为新冠病毒分子溯源、演化传播的动态监测等提供服务与支撑。截至 2020 年 12 月 31 日，已收录全球 30 多万条非冗余的新冠病毒基因组序列信息。为全球 175 个国家（地区）近 20 万用户提供数据服务
2	国家基因组科学数据中心	组学原始数据归档库（GSA）	GSA 是我国自主研发的组学原始数据汇交、存储、管理与共享系统，于 2015 年 10 月上线运行，是国内最大的组学数据汇交平台，已被 Springer Nature、管理与共享系统，于 2015 年 10 月上线运行。GSA 数据体系包括组学原始数据、人类遗传资源原始数据和非原始测序数据，如环境组、表型组、代谢组等。截至 2020 年底，GSA 数据体系已接收国内外 350 家研究机构 1295 名用户的数据递交，数据量达 7 PB，为全球 110 多个国家（地区）的用户提供数据服务，为我国生命科学大数据汇交、存储、管理与共享提供了重要的基础平台

续表

序号	科学数据中心名称	数据库名称	主要内容
2	国家基因组科学数据中心	基因组数据库（GWH）	GWH 是一个存储各物种基因组组装数据的公共资源库，为基因组数据的公开释放、发布和共享提供一系列网站服务。除了基因组序列和注释外，GWH 还收集了生物样本和与基因组组装相关的元数据的详细信息。为收集高质量的基因组序列和注释数据，GWH 配备了统一和标准化的质量控制程序。除基本数据外，所有发布的基因组序列和注释均可以实现可视化和搜索功能。截至 2020 年年底，GWH 已接收国内外 61 个研究机构 231 名用户的数据递交，共计 949 个物种，17 264 个基因组组装数据。此外，GWH 还与美国国家生物技术信息中心建立了数据共享交换机制，提升了数据的国际影响力
3	国家微生物科学数据中心	全球微生物菌种目录数据库	该数据库收集了微生物实物资源采集、保藏、跨国转移、学术和商业应用及利益分享的各个环节的数据。为生物多样性公约在微生物领域的实施和执行提供了重要的支撑。作为一个微生物数字资源整合的数据库，GCM 利用先进的数据挖掘手段，从全球超过 600 万条已发表的微生物文献及专利中，进一步提取了微生物资源的后续研究和利用的信息。GCM 依托世界各地保藏中心提供的菌种信息，为互联网用户提供查询检索、数据统计、文献关联、分离源与采集地标引等
		gcMeta 微生物组学数据数据库	该数据库整合来自国际相关平台及重要项目（HMP、Tara 等）超过 12 万条样本数据，来自我国科研人员的超过 3000 余个样本数据，总数据量超过 120 TB。平台为所有公开数据提供基于 Persistent Identifier（PID）（http://www.pidconsortium.eu/）系统的唯一 PID 号，用于在线数据引用分析。平台还整合了超过 90 个在线数据分析工具，提供扩增子、全基因组序列等 4 套分析工作流，所有的分析工具和工作流都是以 Web 方式使用，方便微生物领域用户快速掌握及使用
		模式微生物基因组数据库	该数据库覆盖已测序的全部细菌、古菌模式菌株及重要的真菌模式菌株。已汇集 18 个国家 26 家微生物资源保藏中心 6 万余株模式微生物种信息。整合了 16 701 个有效发表的原核生物的超过 13 944 个基因组数据，是模式微生物数据，在数据方面最为全面，功能最为完善的数据平台，为用户提供一站式的数据管理和基因组注释、新种鉴定等分析

续表

序号	科学数据中心名称	数据库名称	主要内容
		嫦娥五号全景快视图数据集	该数据集属于月球与行星科学领域，是由嫦娥五号搭载在着陆器上的全景相机以月球正面吕姆克山脉附近地形地貌要素为主要探测对象，对采样过程进行拍照与摄像，从而获取拍照采样区的全景立体成像，累计数据体量约为100 MB。数据集涵盖了全景相机获取的月球背面高精度地形地貌探测数据，以及根据科学传播需求定制拍照片数据（JPG、IMG、TIF等格式）。主要数据产品为根据科学探测数据处理生成落月点附近空间分辨率为毫米级的快视图片，如落月点附近的全景图、国旗展开全景、国旗展开图及降落视频等。该数据集可用于定制航天宣传科普文化活动和展览展示的图像素材，对我国后续探月工程任务、月球基础科学研究，月球探测技术发展及绘制月球地形地貌图等具有重要的支撑作用
4	国家空间科学数据中心	DAMPE 卫星伽马射线数据集	该数据集属于空间天文领域，涵盖了经过粒子经过挑选后的DAMPE卫星伽马光子数据产品，主要内容包括光子数据文件和卫星状态文件两类。光子数据文件是从卫星探测到的事例数据中经过粒子挑选得到的。文件主要记录了光子数据的物理信息和GTI（好的时间段）信息。物理信息包括光子到达时间，重建能量，重建方向，位置，速度，触发类型等；GTI信息记录了时间等信息。卫星状态文件主要记录卫星到时的时间，指向和有效时间等信息。所有文件采用标准Fits格式存储。已公开发布2016—2018年的数据（体量约为6.44 GB）。该数据集可用于深入研究活动星系核的黑洞喷流成分，脉冲星产生脉冲辐射的机制及超新星遗迹对宇宙线加速的贡献等，将对位于银河系中心的巨大伽马射线泡的形成机制提供最新的观测信息
		北斗/GNSS 轨道与钟差产品数据库	该数据库属于空间工程与应用领域，其中数据来自北斗工程、是对国际GNSS监测评估系统（iGMAS）中31个全球地面跟踪站（12个国内站，17个国外站，2个极地站）的GNSS接收机获取的原始数据进行处理后产生。该数据库包括6个数据集，从2014年开始持续更新。累计数据体量约为8.7 GB。该数据库中的钟差产品和轨道产品分别包括超快速产品（延迟3~9个小时）、快速产品（延迟17~41个小时）、最终产品（延迟12~18天）3类。采样时间间隔为15分钟，其中轨道产品包括MEO、IGSO和GEO 3种轨道信息，钟差产品包括卫星钟和测站钟的相关信息。钟差产品数据采用ASC II编码，以CLK格式存储，轨道产品数据也采用ASC II编码，以SP3格式存储。该数据库可用于北斗系统监测评估、卫星精密单点定位和高精度定轨等研究

续表

序号	科学数据中心名称	数据库名称	主要内容
5	国家天文科学数据中心	LAMOST光谱巡天数据集	截至2020年年底,该中心整合LAMOST光谱和星表数据集共17套,管理的数据库表数据库总记录数超过2.55亿条。每个数据集均按照国际天文台标准接口和检索服务,并提供光谱可视化服务,为每个数据集提供VO标识符、DOI及CSTR编号。数据集包含了LAMOST DR1-DR3数据集、DR4 V1-V2数据集、DR5 V1-V3数据集、DR6 V1-V1.1数据集、DR7 V0-V1-V1.1数据集、DR8 V0数据集、DR9 V0数据集,以及LAMOST类星体巡天数据,数据量总计29.74 TB。2020年9月底,该中心按照国际天文界惯例及《LAMOST光谱巡天数据政策》,将包含LAMOST先导巡天及正式巡天前6年的光谱数据——DR6数据集(V2版本)对全世界公开发布。这一公开光谱数据超千万量级的巡天时代。作为我国天文界的第一个国家重大科技基础设施,LAMOST已顺利走完了9年的巡天路程,成为世界上第一个获取光谱数据超千万量级的光谱巡天项目。利用这些海量光谱数据,天文学家在银河系结构与演化、恒星物理、特殊天体及致密天体、类星体等重要科研前沿领域已经取得了一系列有影响力的研究成果
		银河画卷巡天数据库	"银河画卷计划"巡天项目拟对银经-10°~250°,银纬-5°~5°的区域进行无偏巡天观测。此外,对一些高银纬区域也进行选择性巡天。为方便数据记录和存储,全天区分割成约10 000个小单元,每个单元的面积约900平方角分。对银河系进行12CO(J=1-0)、13CO(J=1-0)和C18O(J=1-0)3条分子谱线的巡天观测,在整个观测范围内基线噪声均匀,整体分布约为0.3 K,12CO(J=1-0)基线噪声均约为0.5 K,13CO(J=1-0)和C18O(J=1-0)基线噪声均约为0.3 K,12CO的灵敏度与FCRAO巡天项目相当。该数据库包括上述项目观测的所有一次处理的数据格式数据,基本可以满足天文科研要求
		天文底片数字化数据库	"天文底片数字化"通过高精度底片扫描仪对国家天文台、紫金山天文台、上海天文台、云南天文台等自1901年至1999年跨越近一个世纪的天文底片进行扫描和数字化。最终获得了29 314张底片的数据,共计27.3 TB。每张天文底片的基本信息通过专用表格存储。定义天文底片数据的元数据,即用FITS文件头信息,并进行标准化处理以符合国际天文学界的行业标准。对天文底片数字化扫描后初步扫描标准星等数据进行测定分析,得到每个待测源的精确位置和仪器星等,将仪器星等转换到标准星等系统,构建最终星表并发布数据。数据资源主要包括:扫描扫描的底片数字化底片(FITS文件和底片缩略图),经扫描后生成的星表、底片的纸质信息袋扫描文件。该项工作实现了珍贵历史资料的电子化数据和保存,为天文学研究提供了不可代替的历史数据资料

续表

序号	科学数据中心名称	数据库名称	主要内容
6	国家对地观测科学数据中心	中国碳卫星高光谱温室气体探测仪数据集（TanSat-ACGS）	我国首颗全球二氧化碳监测科学实验卫星（TanSat）于 2016 年 12 月成功发射，填补了我国在温室气体监测方面的技术空白，其成果对我国掌握全球温室气体的变化规律和全球碳排放分布情况，提高我国在应对全球气候变化等方面都具有重要意义。该卫星搭载的高光谱温室气体探测仪（ACGS）提供，时间范围是 2017 年 3 月至 2020 年 1 月，数据量 13 TB
		2016—2019 年丝绸之路沿线 11 国 16 米正射影像数据集	该数据集是中国资源卫星应用中心基于高分一号卫星宽视场成像仪（16 米空间分辨率）加工生产的正射影像产品，整体精度优于 2 个像素点，覆盖蒙古、土库曼斯坦、吉尔吉斯坦、乌兹别克斯坦、塔吉克斯坦、哈萨克斯坦、阿富汗、巴基斯坦、印度、尼泊尔和伊朗等丝绸之路沿线 11 个国家，时间范围是 2016—2019 年，数据量约 5 TB
7	国家极地科学数据中心	极地地球物理数据库	极地地球物理调查是中国南北极科学考察的重要组成部分，我国南北极地球物理调查主要包括依托雪龙船等考察船进行的海洋重力、磁力、多波束、热流、海底地震 obs 调查，以及依托南极中山站等考察站进行的地磁、重力、地震调查，还有依托中山站等考察站开展的航空地球物理调查。数据库共包含 73 条数据，主要是海洋地球物理和中山站地磁、重力数据、长城站地震数据等
		极地大气数据库	大气科学考察是我国历年进行的南极、北极、黄河站科学考察的重要组成部分，它既包括依托考察船进行的走航温室气体观测、气溶胶和气溶胶样品分析，也包括依托中山站、黄河站等考察站进行的气象、大气化学调查。调查的主要数据包括大气 CO、CO_2、甲烷、NO_2、DMS、DMSP、气溶胶重金属、黑炭和总碳、有机污染物、阴阳离子，有机探物的观测与分析数据，以及气象观测（包括走航、定时和探空观测）。数据库共包括数据 176 条，分为 24 个子数据集

续表

序号	科学数据中心名称	数据库名称	主要内容
7	国家极地科学数据中心	极地生物与生态环境数据库	该数据库主要为我国南北极考察期间所获取的仪器观测数据或样品分析数据。包括船基观测、陆地观测。主要开展海水/湖泊水中浮游植物、初级生产力、微微型浮游生物、小型浮游生物、大中型浮游动物、大型底栖动物、小型底栖生物、浮游鱼类、底栖鱼类、企鹅、海豹、海鸟和哺乳动物，以及站基土壤、近岸海水、湖水、大气等个质的基础化学参数、动植物、微生物、污染物的调查数据等
		中国区域地面气象要素驱动数据集（1979—2018）	该数据集包括近地面气温、近地面气压、近地面空气比湿、近地面全风速、地面向下短波辐射、地面向下长波辐射、地面降水率7个要素。数据向为NETCDF格式，时间范围为1979—2018年，时间向分辨率为3个小时，水平空间分辨率为0.1°。该数据集是以国际上现有的Princeton再分析资料、GLDAS资料、GEWEX-SRB辐射资料，以及TRMM降水资料为背景场，融合了中国气象局常规气象观测数据制作而成。精度介于干气象局观测数据和卫星遥感数据之间，比国际上已有再分析数据的精度更高，可为中国区域陆面过程模拟提供驱动数据
8	国家青藏高原科学数据中心	全球高分辨率（3个小时，10千米）地表太阳辐射数据集（1983—2018）	该数据集是一个包含接近36年（1983年7月至2018年12月）的全球高分辨率地表太阳辐射数据集，其分辨率为3个小时/逐日/逐月，10千米。数据单位为 W/m^2，瞬时值。该数据集是基于改进的物理参数化方案并以ISCCP-HXG云产品、ERA5再分析数据及MODIS气溶胶和反照率产品为输入而生成的。经验证并和其他全球卫星辐射产品比较，该数据集的精度通常比ISCCP-FD、GEWEX-SRB和CERES全球卫星辐射产品的精度高
		青藏高原地气相互作用过程高分辨率（逐小时）综合观测数据集（2005—2016）	该数据集综合了中国科学院的珠穆朗玛大气与环境综合观测研究站、藏东南高山环境综合观测研究站、那曲高寒气候环境观测研究站、纳木错多圈层综合观测研究站、阿里荒漠环境综合观测研究站、藏西南慕士塔格西风带环境综合观测研究站2005—2016年逐小时气象梯度数据、辐射、土壤和涡动观测数据；包含了由多层风速风向、气温、湿度及气压，降水四分量数据、多层土壤温湿度和土壤热通量观测数据及感热通量、潜热通量和二氧化碳通量组成的近地面和土壤观测数据，是目前为止发布的青藏高原地区分辨率最高、观测序列最长、观测要素最齐全的野外台站综合观测资料

续表

序号	科学数据中心名称	数据库名称	主要内容
		中国区域陆地生态系统碳水通量数据专题	ChinaFLUX推出了数据论文《中国区域陆地生态系统碳水通量及其辅助参数观测专题》，其中包括以下9个数据集：2010 s中国陆地生态系统碳密度数据集；中国南北样带典型森林土壤属性数据集；基于遥感反演的1982—2015年中国北方草地地上生物量空间数据集；2013年中国典型生态系统大气氮、磷、酸沉降数据集；1996—2015年中国大气氮沉降空间格局数据集；2002—2010年中国典型生态系统实际生态系统辐射及光能利用效率数据集；2000—2010年中国典型陆地生态系统蒸散量和水分利用效率数据集；2003—2005年中国通量观测研究联盟（ChinaFLUX）碳水通量观测数据集；基于文献整合的中国典型陆地生态系统初级生产力、呼吸和净生产力数据集
9	国家生态科学数据中心	《中国科学数据》中国生态系统研究网络（CERN）专题数据	该数据产品共收录了39篇论文数据，为我国生态领域长期联网观测数据，也包括专项联网观测数据，控制实验数据，分析与综合研究数据等多种数据。具体包括：中国典型生态系统40个生态站，长达10余年的光合有效辐射、土壤元素含量、植物物候、土壤含水量、地下水位等观测数据，以及全国尺度有效光合辐射等栅格数据。13个台站及3个分中心/中心的植物物种名录、物种组成、生物量、凋落物回收量等生物要素数据；地下水位、土壤含水量、水质、树干液流、水体理化、叶绿素a浓度等水分/水体数据；土壤物理性质、土壤元素含量、土壤碳密度等土壤要素数据；气象要素、辐射、气溶胶光学厚度等大气要素数据
		2000—2015年中国典型森林生态系统碳循环动态参照数据集	该数据集以CERN长期动态监测数据库为基础，近10年我国典型森林生态系统长时间序列的碳循环基准观测数据产品。主要包括基于观测和严格质量控制/统计处理后的生物、土壤、大气和水分等要素的基础观测数据集，如分器官和总生物量，逐年或逐月的叶面积指数、凋落物现存量、凋落量季节动态，分土层土壤有机质含量、容重、土壤有机碳密度、土壤质地，土壤逐年连续的温度、辐射，空气湿度和逐月连续的降水、土壤含水量、土壤饱和含水量等；基于同化获取的碳循环关键过程参数数据集及时间连续的固碳功能产品数据集，包括植被、土壤碳库、生产力、呼吸和碳汇等

续表

序号	科学数据中心名称	数据库名称	主要内容
		自然环境腐蚀预测专题数据库	基于国家材料腐蚀与防护科学数据中心典型材料如Q235、09 Cu、10 Cr等，在全国多个野外站多年的数据积累基础上，腐蚀失重规律挖掘理论，提出利用数据质量问题具有容错性能够有效处理腐蚀速率、小样本数据，对数据质量问题具有容错性的预测算法，并将其应用到自然环境中材料在自然环境下到腐蚀速率和腐蚀规律。预测Q235、09 Cu、10 Cr等典型金属材料在全国各地1年和4年的腐蚀速率和腐蚀规律。对于数据质量较低、样本容量较小的数据，采用梯度提升机的I-BRT算法。对于高维度，提出了基于Lasso方法的SALP算法
10	国家材料腐蚀与防护科学数据中心	舰船和海洋工程用铜合金腐蚀数据库	通过在我国典型大气和海域中测量典型常用铜合金的腐蚀速率数据，在系统开展铜合金腐蚀数据积累和室内加速实验相关性分析的基础上，制定了《船用铜合金海洋环境试验评价方法，包括模拟用铜合金腐蚀的规范规定了船用铜合金海洋环境室内模拟试验，模拟飞溅区加速试验，模拟飞溅区同浸试验和模拟全浸区的浸泡试验，潮差飞溅区、浪花飞溅区、潮差区和全浸区不同海洋环境的室内腐蚀试验和腐蚀评价提供了技术指导。为各类船用铜合金腐蚀服役环境下包括海洋大气等，建立了"舰船和海洋工程用铜合金腐蚀数据专题"，通过国家材料腐蚀与防护科学数据中心共享。实现资源网上共享
		全国造纸行业腐蚀调查专题数据	该项调查涵盖了16个省的数十家大中型造纸企业。造纸行业的腐蚀直接成本包括防腐设备更新，改造维修及折旧费，表面涂料费，耐蚀材料费及缓蚀剂使用费。间接成本包括造纸行业环境污染损失，腐蚀造成的人员伤亡赔偿，腐蚀造成的停工损失，腐蚀造成的产品质量损失等。造纸行业总腐蚀成本约302.4亿元，约占行业总成本的3.84%。腐蚀成本较高，需引起造纸行业的重视。造纸生产中的腐蚀主要出现在蒸汽烘干系统设备、辊轴、真空泵、蒸球的部件设备上。腐蚀行为涵盖了均匀腐蚀和各类局部腐蚀问题

续表

序号	科学数据中心名称	数据库名称	主要内容
		寒区旱区野外观测数据集	该数据集包含 11 个野外台站、24 个观测场近百个观测仪器的长时间序列数据。主要包括：黑河上游生态水文试验研究站、敦煌戈壁荒漠生态与环境研究站、若尔盖高寒湿地生态系统研究站、天山冰川试验研究站等。数据有 523 个，时间从 20 世纪 50 年代至今，数据量超过 200 GB，主要包含寒区旱区典型冰川、冻土、荒漠、草原的水、土、气、生观测数据。例如，乌鲁木齐河源 1 号、冬克玛底、玉龙雪山白水 1 号冰川等典型冰川气象、物质平衡等观测数据；唐古拉、西大滩、昆仑山玉珠峰等典型冻土气象、地温等观测数据；敦煌沙漠、乌拉特荒漠、奈曼沙漠等观测数据；玛曲、那曲草原等典型草原观测数据。这些观测数据是进行高寒干旱地区生态环境、自然资源和重大工程研究的宝贵基础数据
	国家冰川冻土沙漠科学数据中心	黄河流域生态保护与高质量发展专题数据	由国家冰川冻土沙漠科学数据中心、河南大学、河南省时空大数据产业研究院、甘肃省祁连山水源涵养林研究院、甘肃省祁连山生态环境研究中心联合发布了黄河流域、黄河上中游管理局、甘肃省祁连山水源涵养林研究院等单位的专题数据。该专题包含：黄河流域基础地理、多源遥感影像、冰川、冻土、积雪、湖泊、沙漠、湿地、森林、草地、农田等专题数据；黄河流域气候气象、河流水资源数据；黄河流域典型流域水文、土壤、气候、生态数据；黄河流域上中游水土保持野外观测和遥感监测数据；黄河流域典型流域洪水、旱灾、泥石流、滑坡等自然灾害数据；黄河流域经济社会工农业产业、旅游业等社会经济数据。共整理发布 15 类 383 个黄河流域高质量系列专题数据集，为黄河流域基础研究、生态文明建设、社会经济发展提供基础数据
11		冰冻圈与全球气候变化研究专题数据	该专题数据来源于国家重点基础研究发展计划（973 计划）项目《冰冻圈变化及其影响研究》。该项目由中国科学院寒区旱区环境与工程研究所、青藏高原研究所、水利部成都山地灾害与环境研究所、清华大学、兰州大学等 13 家单位共同承担。该项目针对冰冻圈变化机制、冰冻圈变化与气候相互作用关系、冰冻圈变化的影响及适应 3 个冰冻圈重大科学问题开展冰冻圈变化、影响和适应研究，对推动国际冰冻圈科学向科学体系化方面迈进，提高冰冻圈科学整体水平具有重要意义。此项目共生产生数据集 48 个，数据量达到 69.2 GB，包括冰冻圈冰川、冻土、积雪野外观测、遥感反演、数值模拟等数据产品

续表

序号	科学数据中心名称	数据库名称	主要内容
		CODATA 基本物理常数数据库	CODATA 基本物理常数数据库是国际数据委员会（CODATA）在 2018 年度确定向全世界推荐的物理基本常数，是当前国际上公认最精准的物理基本常数数值。数据库中每个常数值包含常数名称，符号，值，标准不确定度值，相对标准不确定度值和简明表述形式等信息，是重要的基础性标准参考数据
		食品安全新兴污染物参考数据库	基于液相色谱-高分辨质谱用技术，建立 23 种典型全氟化合物色谱参考数据库。采用全扫描模式提取精确质量数，并触发二级质谱，比较不同碰撞能下碎片离子的强度变化规律等。参考数据库化合物包括 PFBA、PFPeA、PFHxA、PFHpA、PFOA、PFNA、PFDA、PFUnDA、PFDoDA、PFTrDA、PFTeDA、PFHxDA、PFOcDA、PFPrS、PFBS、PFPeS、PFHxS、PFHpS、PFOS、PFNS、PFDS、PFDoS、FOSA；数据库信息包括色谱图，母离子和子离子精确质量数，不同碰撞能下特征碎片离子色谱保留时间，一级和二级质谱图，强度变化规律等色谱质谱数据和信息。集成化合物名称，结构式，分子量，CAS 号等基础信息，色谱条件及质谱采集过程中的离子源，采集模式，以及仪器厂商，仪器型号，色谱柱，色谱保留时间，碰撞能量等参数
12	国家计量科学数据中心	化学药品及原料拉曼光谱数据库	拉曼光谱是基于分子散射过程中的"指纹"光谱，具有信息丰富、制样简单、快速无损等优点，可应用于薄膜材料结构、超晶格材料结构、半导体材料对称性、碳材料结构等方面的研究。拉曼光谱的测量准确性和测量结果的可比性依赖于仪器的校准和溯源。对拉曼特性量——拉曼频移和拉曼光谱相对强度，数据库收录了 6 种拉曼相关标准物质特性量值及相关标准，提出了使用标准物质对拉曼测量相对强度进行多谱线、全量程校准的方法，解决了因光栅卷积效应，光谱响应不同导致测量结果缺乏一致性的问题。针对医药领域对拉曼数据库的需求，数据库面向中国药典收录的化学药品，遴选包含原料、辅料、杂质，对照品等 75 种代表性化学药品及抗生素，设计和构建拉曼光谱数据库，为医药行业的药品鉴别提供技术支撑，对提升药品质量，保障药品安全有效、维护人民健康具有积极的作用

续表

序号	科学数据中心名称	数据库名称	主要内容
		全球变化与区域响应综合集成典型数据库	该中心构建以遥感观测、模型模拟、站点观测为核心的陆表特征量参量遥感反演模型与集成同化技术，持续更新时空连续且较高分辨率的全球变化应对数据资源，包括长时间序列全球陆表参量（反照率、长波／短波／光合有效辐射、蒸散、地表温度和叶面积指数），碳循环关键参数（叶绿素荧光、不透水面、聚集指数、FAPAR 和土壤呼吸等），水文过程和水资源时空变化，温室气体和大气环境，植被植被旱情指数（TVDI），复种指数等关键数据支撑数据集，空间分辨率涵盖 0.05°、1 km、500 m、30 m 等，数据总量约 700 TB
13	国家地球系统科学数据中心	全国洪涝风险监测预警专题数据集	2020 年度，数据中心及参建单位立足 "防洪减灾保安澜"，针对 2020 年全国洪涝灾害应急响应的紧迫需求，组织专家团队，深度集成、优化，自主研发生产了全国洪涝灾害预测预报专题数据集和全国 5 个重点流域共计 157 个基础地理信息数据集，包括长江中下游地区汛情形势数据集，全国中小河流洪水风险预测预报数据集，全国山洪风险数据集，全国洪涝灾害重点区域水情遥感监测数据集，以及相关基础地理信息、植被类型、土壤类型等数据集
		海洋基础地理主题数据库	2020 年度，该中心立足于我国最大的边缘海和唯一的热带海区——南海，持续全面开展 "两洋一海" 等热带海区的航次、潜标、台站／岛礁等观测研究数据、卫星遥感数据、数值模拟和模式预报数据及国际共享资源的收集保存和共享服务工作，已积累资源总量超过 300 TB，数据资源涵盖各海洋学科领域，形成了具有热带区域特色的海洋数据资源体系，不断加强权威数据服务。2020 年，重点围绕全球、南海中北部、南海中北部、东盟、粤港澳大湾区等区域进行数据资源建设，新增数据资源量超过 2 TB
14	国家人口健康科学数据中心	青少年健康数据库	采用现场测试、调查问卷、资料收集等方法获取青少年健康资源数据，数据内容包含体质健康、家庭状况、社会适应、生活质量、心理健康、营养膳食、学业成绩、危险行为、运动行为等调查数据。其中，体质健康数据涵盖多项体质测试结果，可客观反映青少年心理健康状况的统计分析结果，共 1059 个数据项。生活质量、营养膳食等数据可为调查提供形式采集，可进行青少年身体适能、精神与心理、营养膳食、生命质量、社会健康、危险行为、运动行为等领域研究提供支撑参数，为教育管理部门与政府决策提供数据支撑。13 万例数据。数据集可为青少年健康研究领域提供参数，为教育部门与政府管理部门决策提供数据支撑

续表

序号	科学数据中心名称	数据库名称	主要内容
		中药资源普查数据库	该数据库汇总了23个省570个县的中药资源普查源基础数据，包括野生药用资源调查数据、栽培资源调查数据、中药材市场调查数据、中药资源相关知识传统等涉及、数据类型涉及结构化数据和非结构化数据（纸质调查记录本、普查影像资料、中药资源蜡叶标本、药材样品、种质资源等）
14	国家人口健康科学数据中心	流动人口动态监测调查数据产品	中国流动人口动态监测调查是国家卫生健康委流动人口司连续10年组织开展的流动人口专项监测调查，自2009年起已经调查了10年，调查范围涉及31个省（市、区）和新疆生产建设兵团，涵盖全国1800余个县，上万个居（村）民小组，年均样本量约18万个。内容涉及流动人口及家庭成员人口基本信息、流动范围和趋向、就业和社会保障、收支和居住、健康与公共卫生服务、婚育和计划生育服务管理、子女流动和教育、社会融合与心理健康等。流动人口数据共享资源点主要开展中国流动人口动态监测数据的清洗整理和开发应用等相关工作，开展多项流动人口专题数据服务，开发完成上十个数据产品，为各级政府、科研机构所开展研究提供人口基础数据支持
15	国家基础学科公共科学数据中心	化合物生物活性数据库	该数据库从相关科技文献中收集整理了大量化合物的生物活性实验数据，与以前建立的药物全景科学数据库、生物医药全景对象领域所的药科学数据信息，对科研院所的服务效果显著。与天然产物数据相结合的生物医药类数据库独具特色，数据资源丰富，通过持续建设，有望成为国内领先、国际上独具特色的生物医药类科学数据库
		中国评价核数据库3.2版（CENDL-3.2）	该数据库适用于核能工程、核能开发、核技术应用与基础研究等领域的通用评价，主要包含中子诱发核反应的各种评价核反应数据，如反应截面、角分布、能谱、双微分截面等方面，是核国评价核数据库3.2版（CENDL-3.2）是由中国核数据中心牵头、全国核数据工作协作网成员单位共同合作完成的最新评价数据库，于2020年6月12日正式对外发布

续表

序号	科学数据中心名称	数据库名称	主要内容
15	国家基础学科公共科学数据中心	1987—2017 年青海湖水体边界数据集	基于地理空间数据分析云平台，使用 Landsat 影像进行像元级融合，重构目标年份像最小云量影像集。基于水体指数方法，经过人工修正和精度验证，获得了 1987—2017 年 11 期青海湖水体边界数据集
		富士苹果果实品质及病害近红外光谱数据集	为实现苹果果实病害的快速无损检测，对苹果果实进行预处理后，采用光谱仪采集苹果果实各的近红外光谱数据。近红外光谱检测为无损检测的有效手段，近年来随着其技术的发展，成为各研究项目进行快速无损检测的首选方法之一。目前，多数研究仪限于对苹果果实内部品质进行近红外光谱检测，而苹果果实易发生病害，其病害果光谱数据缺乏。收集苹果果实病害数据，构建其病害数据集，具有再次开发利用价值，有助于科研开发。本研究使用 Field Spec 3 光谱仪采集了感染炭疽病菌和轮纹病菌的富士苹果果实的近红外光谱数据。同时采集其原始品质原始品质无损检测模型或研究无损检测方法提供数据基础
16	国家农业科学数据中心	蔬菜加工质量安全控制数据库	根据蔬菜加工工艺流程（蔬菜汁、冷冻蔬菜、切割蔬菜等），对每个加工环节进行危害分析（生物危害、物理危害、化学危害）并确定预防性措施，确定关键控制点（CCP）及其限值，监控每个关键控制点，确定发生偏离的应采用的纠偏措施，建立审核程序（HACCP 计划有效性的评价，CCP 的检查和验证，记录的审核与验证）与档案保存系统（CCP 记录，纠偏行动记录，验证记录，仪器监控，校正记录，成品、半成品检验记录等），以此构建蔬菜加工质量安全控制体系，并建立蔬菜加工质量安全控制数据库
		中国常用饲料成分及营养价值数据库	该数据集根据科学数据共享要求，主要收集中国饲料加工业和养殖业中 34 种常用饲料的脂肪酸含量及组成数据，主要包括干物质（DM，%）、粗蛋白质（CP，%）、粗脂肪（EE，%）、月桂酸（C12：0，%TFA）、豆蔻酸（C14：0，%TFA）、棕榈酸（C16：0，%TFA）、棕榈油酸（C16：1，%TFA）、硬脂酸（C18：0，%TFA）、油酸（C18：1，%TFA）、亚油酸（C18：2，%TFA）、亚麻酸（C18：3，%TFA）、总脂肪酸（TFA，%EE）。数据集内容参考了 INRA（2004）、CNPCS6.0（2008）、NRC（1994，1998，2012）等资料

续表

序号	科学数据中心名称	数据库名称	主要内容
17	国家林业和草原科学数据中心	疫情期间森林培育数据专题	根据新冠肺炎疫情期间林农对林木栽培技术的需求，生成抗疫技术指南系列，主要针对亚热带地区经济树种、用材树种、竹林和林下食用菌的疫情后造林、栽培管理、病虫害防治等方面提供特定的技术指导。涉及树种包括油茶、"大秋"甜柿、薄壳山核桃、楮树、木荷、栎属、国外松、毛竹等。技术措施包括如何通过抚育措施降低疫情影响，如何应对疫情期间各种经营受阻和误工状况等。形成一套疫情森林培育专题数据库
		"三北"防护林工程区生态效益监测数据集	该数据集集融合了通过地-空-星获取的多元、多层、多专业数据，数据集内容包括2000—2018年气象、水资源、土壤、生态系统宏观结构评估、生态系统变化评估等数据产品
		全国省级森林变化分析专题数据集	按照省级要求完成国家级第二次、第四次、第五次、第六次、第七次、第八次森林资源清查数据同森林变化分析，提供了不同频次/不同年份森林资源清查针叶林、阔叶林及针阔混交林变化分布数据
18	国家气象科学数据中心	全球新冠肺炎重点疫区地面资料日值数据集	该数据集包含了全球新冠肺炎疫情重灾区国家（疫情人数大于1000人）的温度、气压、风速、降水量观测数据
		中国地面气象站逐小时观测资料	该数据集包含中国31个省2170个国家级地面站小时值数据，包括近7日内的气温、气压、相对湿度、水汽压、风、降水量等要素小时观测值。该数据集经过实时质量控制，各要素数据的实有率超过99.9%，数据的正确率均接近100%

续表

序号	科学数据中心名称	数据库名称	主要内容
18	国家气象科学数据中心	中国地面气候标准值年值数据集（1981—2010年）	该数据集由各省上报的全国地面月报信息化文件，基于《气候资料统计整编方法（1981—2010）（修改版）》，进行整编统计而得。数据集整编过中国2160个基本、基准地面气象观测站1981—2010年采集得到，数据集包括气压、气温、空气湿度、降水、风等要素的年值气候标准值。并对存在问题和分歧的站点进行了地面基础资料专项工作对历史资料进行重新进行了质量检测，只是对明显存在非均一性的台站进行了件进行了修订。该数据集没有对资料进行均一性订正。当迁站前后海拔高度分段处理，处理方法如下：对于1981—2010年间位置发生变化的台站，相差超过100米或水平距离超过50千米时，进行分段统计处理
19	国家地震科学数据中心	中国及其周边地区地震事件波形数据集（2009—2019）	该数据集收录了2009—2019年中国及其附近区域约15.4万个地震事件波形，从发震时间前5 s到发震时间后500 s的"Pn"和"Pg"震相台站的三分量波形，约457.9万条波形数据，数据量达877 G
		中国强震动观测数据集（1968—2019）	该数据集收录了1968—2019年国内强震动数据，具体包括强震动事件波形、强震台站目录、加速度记录目录，以及未校正加速度记录、速度记录、位移记录、反应谱、傅立叶振幅谱等数据和图形产品。记录幅值为0.019 cm/s²~1005.35 cm/s²，数据量为36.9 GB
		垂直形变图专题数据集	该专题数据来源于国家科技基础项目"中国大陆现代垂直形变图集的编制与资料整编"形成的成果和数据，主要包括：中国大陆20世纪50年代以来精密水准测量数据；中国大陆1950—2015年水准测量成果目录；中国大陆1999—2018年GNSS观测资料目录及数据；中国大陆1970—2018年部分InSAR资料目录及数据；正式出版的《中国大陆垂直形变多时空分辨率重力变图集》和《中国大陆垂直形变多时空多分辨率图集》

续表

序号	科学数据中心名称	数据库名称	主要内容
20	国家海洋科学数据中心	海洋环境分析产品	海洋环境分析产品包括西北太平洋海洋实况分析数据和海洋再分析产品CORA两类。其中，海洋实况分析数据利用多年温盐剖面资料，结合统计建模和数据同化技术，通过建立温盐剖偶棉垂向延拓模型，海面状态信息对水下剖面分析，实现从海洋表层信息到水下三维温盐场的实时分析。实况分析要素包括温度、盐度、密度、声速和地转流，空间分辨率为1/8°，每日业务化更新。海洋再分析产品CORA是基于南森采水器、CTD、BT和Argo浮标观测数据和卫星测温型温盐资料和数据同化技术研制而成的数据产品，产品要素包括海面高、温度、盐度和海流，时间范围从1958年至2019年，时间分辨率为天平均，水平方向为变网格，重点区域分辨率达1/8°，垂直方向为35层。该产品可充分反映海洋要素多时空尺度的变化特征和多要素物理关联性，是目前发布时间跨度最长、空间覆盖范围最广的自主海洋再分析产品
		国家海洋立体观测网数据	国家海洋立体观测网数据分为海洋站观测数据和浮标观测数据两类。其中，海洋站观测数据主要包括实时、延时等实测资料，涵盖了海洋水文气象全学科全要素，资料最早可追溯至1942年，覆盖我国近岸海域。资料的观测和传输频率可达分钟级。国家、地方和西北太平洋深海浮标站观测数据主要包括实时、延时等实测资料，包括温度、盐度、流速流向、气温、气压和风速风向等水文气象基本要素，覆盖我国近海及西太平洋海域
		全球潮汐潮流预报数据	数据内容为1965—2021年全球485个主要港口潮汐和65个主要海上航线潮流预报产品、全球精细化潮汐潮流数值预报产品，可为海上航运、渔业生产、滨海旅游、油气开采、海洋工程建设、防灾减灾、科研与军事活动提供预报保障信息

附录 3　国外主要领域科学数据资源所在机构相关信息

领域	英文名称	中文名称	所在国家(地区)	网址
	Fermilab	费米实验室	美国	http://www.fnal.gov/
	The High Energy Astrophysics Science Archive Research Center（HEASARC）	美国高能物理科学数据中心	美国	http://heasarc.gsfc.nasa.gov/
	The National Geophysical Data Center（NGDC）	美国国家地球物理数据中心	美国	http://www.ngdc.noaa.gov/index.html
物理	Spallation Neutron Source（SNS）	美国散裂中子源	美国	http://neutrons.ornl.gov/sns
	The ISIS pulsed neutron and muon source（ISIS）	英国散裂中子源	英国	http://www.isis.stfc.ac.uk/
	World Data Center for Geomagnetism，Kyoto	日本世界地磁数据中心	日本	http://wdc.kugi.kyoto-u.ac.jp/
	the High Energy Accelerator Research Organization（KEK）	日本高能加速器研究机构	日本	http://www.kek.jp/en

续表

领域	英文名称	中文名称	所在国家（地区）	网址
天文	European Southern Observatory （ESO）	欧洲南方天文台	德国（总部）	http://www.eso.org/public/
	Sloan Digital Sky Survey （SDSS）	斯隆数字巡天	美国	http://www.sdss.org/
	Strasbourg Astronomical Data Center	斯特拉斯堡数据中心	法国	http://cdsweb.u-strasbg.fr/
	Canadian Astronomy Data Centre （CADC）	加拿大天文数据中心	加拿大	http://www.cadc-ccda.hia-iha.nrc-cnrc.gc.ca/en/
	National Astronomical Observatory of Japan （NAOJ）	日本国立天文台	日本	http://www.nao.ac.jp/
空间	NASA Space Science Data Coordinated Archive （NSSDCA）	美国国家航空航天局-空间科学数据协调档案	美国	http://nssdc.gsfc.nasa.gov/
	Planetary Data System	美国国家航空航天局-行星数据系统	美国	https://pds.nasa.gov/
	NOAA National Centers for Environmental Information （NCEI）	美国国家和海洋大气管理局-国家环境信息中心	美国	http://www.ngdc.noaa.gov/index.html
	European Space Agency （ESA）	欧洲空间局	意大利	https://www.esa.int/
	Data ARchives and Transmission System （DARTS）	日本宇宙航空研究开发机构-数据存档和传输系统	日本	https://www.darts.isas.jaxa.jp/
	Indian Space Science Data Center （ISSDC）	印度空间科学数据中心	印度	https://www.issdc.gov.in/

续表

领域	英文名称	中文名称	所在国家（地区）	网址
基础	World Resources Institute (WRI)	世界资源研究所	美国	http://www.wri.org/
	Organization for European Economic Cooperation- Nuclear Energy Agency (OECD/NEA)	欧洲经济合作与开发组织核能署	欧洲多个成员国	http://www.oecd.org/
	International Atomic Energy Agency (IAEA-NDS)	国际原子能机构核数据科	奥地利	https://www.iaea.org/
	National Nuclear Data Center (NNDC)	美国核数据中心	美国	http://www.nndc.bnl.gov/
	Nuclear Plant Reliability Data System (NPRDS)	核动力研究所核电厂可靠性数据系统	美国	http://www.inpo.info/
	European Organization for Nuclear Research (CERN)	欧洲核子研究组织	瑞士（总部）	http://home.cern/
	Nuclear Energy Agency (NEA)	欧洲核能署核数据中心	欧洲	http://www.oecd-nea.org/databank/
	Japan Atomic Energy Agency, Nuclear Data Center	日本核数据中心	日本	http://wwwndc.jaea.go.jp/index.html
	American Chemical Society (ACS)	美国化学学会	美国	http://pubs.acs.org/

续表

领域	英文名称	中文名称	所在国家（地区）	网址
生态	International Long-Term Ecological Research Network（ILTER）	国际长期生态研究网络	成员组织国轮值	https://www.ilter.network/
	National Ecological Observatory Network（NEON）	美国国家生态观测网络	美国	https://www.neonscience.org
	National Centers for Environmental Prediction（NCEP）	美国国家环境预报中心	美国	http://www.ncep.noaa.gov/
	Global Flux Observation Network	全球陆地通量观测网	美国	https://daac.ornl.gov/cgi-bin/dataset_lister.pl?p=9
	UK Environmental Change Network（ECN）	英国环境变化观测网络	英国	http://www.ecn.ac.uk/
	Long-Term Ecological Research Network, Europe（LTER）	欧洲长期生态系统研究网络	成员组织国轮值	https://www.ilter.network/network/lter-europe
	Terrestrial Ecosystem Research Network（TERN）	澳大利亚陆地生态系统研究网络	澳大利亚	http://www.tern.org.au/
	World Data Centre for Greenhouse Gases（WDCGG）	世界温室气体数据中心	日本	https://gaw.kishou.go.jp/
地学	National Snow and Ice Data Center	美国冰雪数据中心	美国	https://nsidc.org/
	World Meteorological Organization（WMO）	世界气象组织	瑞士	http://www.wmo.int/
	International Center for Integrated Mountain Development（ICIMOD）	国际山区综合发展中心	尼泊尔	https://www.icimod.org/

续表

领域	英文名称	中文名称	所在国家（地区）	网址
地学	Goddard Earth Sciences Data and Information Services Center	戈达德地球科学数据和信息服务中心	美国	https://disc.gsfc.nasa.gov/
	Level-1 and Atmosphere Archive & Distribution System Distributed Active Archive Center（LAADS DAAC）	一级和大气存档与分发系统分布式数据中心	美国	https://ladsweb.modaps.eosdis.nasa.gov/
	Earth Resources Observation and Science（EROS）Center	地球资源观测和科学中心	美国	https://www.usgs.gov/centers/eros
	World Data Center for Solid Earth Physics	固体地球物理世界数据中心	俄罗斯和乌克兰	http://www.wdcb.ru/sep/
	World Data Center for Geomagnetism，Kyoto	日本世界地磁数据中心	日本	http://wdc.kugi.kyoto-u.ac.jp/
气象	World Meteorological Organization（WMO）	世界气象组织	瑞士	http://www.wmo.int/
	European Centre for Medium-Range Weather Forecasts（ECMWF）	欧洲中期天气预报中心	英国（总部）	http://www.ecmwf.int/
	National Climatic Data Center（NCDC）	美国国家气候数据中心	美国	http://www.ncdc.noaa.gov/
	Climatic Research Unit（CRU）	东英吉利大学气候研究组织	英国	http://www.cru.uea.ac.uk/
	Space Weather Services（SWS）	澳大利亚政府气象局空间天间服务	澳大利亚	http://www.sws.bom.gov.au/
	Japan Meteorological Agency（JMA）	日本气象厅	日本	http://www.jma.go.jp/jma/index.html

续表

领域	英文名称	中文名称	所在国家（地区）	网址
气象	Korea Meteorological Administration（KMA）	韩国气象厅	韩国	http://www.kma.go.kr/
	National Earthquake Information Center（NEIC）	美国国家地震信息中心	美国	http://earthquake.usgs.gov/
	International Seismological Centre（ISC）	国际地震中心	英国	http://www.isc.ac.uk/
	Incorporated Research Institutions for Seismology（IRIS）	美国地震学研究联合会	美国	https://www.iris.edu/hq
地震	International Federation of Digital Seismograph Networks（FDSN）	国际数字地震台网联合会	美国	http://www.fdsn.org/
	Observatories & Research Facilities for European Seismology（ORFEUS）	欧洲地震观测与研究实验室	荷兰	http://www.orfeus-eu.org/
	Helmholtz-Centre Potsdam - GFZ German Research Centre for Geosciences（GFZ）	德国地学研究中心	德国	http://www.gfz-potsdam.de/
	National Research Institute for Earth Science and Disaster Resilience（NIED）	日本防灾科学技术研究所	日本	http://www.bosai.go.jp/
	International Oceanographic Data and Information Exchange（IODE）	国际海洋数据和信息交换委员会	比利时	http://www.iode.org/
海洋	Global Ocean Observing System（GOOS）	全球海洋观测系统	法国	http://www.ioc-goos.org/
	Global Sea Level Observing System（GLOSS）	全球海平面测测系统	法国	https://www.gloss-sealevel.org/

续表

领域	英文名称	中文名称	所在国家（地区）	网址
	SeaDataNet	泛欧洲海洋基础设施网络	欧盟成员国	http://www.seadatanet.org/
	National Oceanic and Atmospheric Administration（NOAA）	美国国家海洋和大气管理局	美国	http://www.noaa.gov/
	Woods Hole Oceanographic Institution	美国伍兹霍尔海洋研究所	美国	http://www.whoi.edu/
	Scripps Institution of Oceanography	美国斯克里普斯海洋学研究所	美国	https://scripps.ucsd.edu/
	British Oceanographic Data Centre（BODC）	英国海洋数据中心	英国	http://www.bodc.ac.uk
海洋	IFREMER	法国海洋开发研究院	法国	http://wwz.ifremer.fr/
	The WMO-IOC Joint Technical Commission for Oceanography and Marine Meteorology in-situ Observing Programmes Support Centre（JCOMM）	WMO-IOC 海洋学与海洋气象学联合技术委员会原位观测平台支持中心	法国	http://www.jcommops.org
	Helmholtz Centre for Ocean Research Kiel	德国亥姆霍兹海洋研究中心	德国	http://www.geomar.de/
	Australian Institute of Marine Science（AIMS）	澳大利亚海洋科学研究所	澳大利亚	http://www.aims.gov.au/
	Bedford Institute of Oceanography Canada's Largest Centre for Ocean Research	加拿大贝德福德海洋研究所	加拿大	http://www.bio.gc.ca/

续表

领域	英文名称	中文名称	所在国家（地区）	网址
海洋	Japan Oceanographic Data Center（JODC）	日本海洋数据中心	日本	http://www.jodc.go.jp/
	Japan Agency For Marine-earth Science and Technology	日本海洋科学技术中心	日本	http://www.jamstec.go.jp/
	Korea Oceanographic Data Center（KODC）	韩国海洋数据中心	韩国	http://kodc.nifs.go.kr/
	National Institute of Oceanography（NIO）	印度国家海洋学研究所	印度	http://www.nio.org/
对地观测	United States Geological Survey（USGS）	美国地质调查局	美国	https://www.usgs.gov/
	Global Biodiversity Information Facility（GBIF）	全球生物多样性信息网络	丹麦	https://www.gbif.org/
生物	FishBase	世界鱼类数据库	菲律宾（总部）	http://www.fishbase.org
	Encyclopedia of Life（EOL）	网络生命大百科	美国	http://www.eol.org
	National Center of Biotechnology Information（NCBI）	美国国家生物技术信息中心	美国	http://www.ncbi.nlm.nih.gov/
	Biodiversity Heritage Library（BHL）	生物多样性遗产图书馆	美国	http://biodiversitylibrary.org/
	Protein Data Bank（PDB）	蛋白质数据库（生物）	美国	http://www.wwpdb.org/

续表

领域	英文名称	中文名称	所在国家（地区）	网址
生物	Species 2000	物种2000	英国	http://www.sp2000.org/
	Chemical Entities of Biological Interest（ChEBI）	分子生物活性的数据库	欧洲	http://www.ebi.ac.uk/chebi/
	EMBL - European Bioinformatics Institute（EBI）	欧洲生物信息研究所-欧洲分子学实验室	欧洲	http://www.ebi.ac.uk/
	Kyoto Encyclopedia of Genes and Genomes（KEGG）	京都基因与基因组百科全书数据库	日本	http://www.kegg.jp/
	National Guideline Clearinghouse（NGC）	美国国立临床诊疗指南数据库	美国	http://www.guideline.gov/
医学	National Library of Medicine（NLM）	美国国立医学图书馆	美国	https://www.nlm.nih.gov/
	Centers for Disease Control and Prevention（CDC）	美国疾病预防控制中心	美国	http://www.cdc.gov/
	Thomson Reuters Pharma	汤森路透医药信息数据库	美国	https://www.thomsonreuters.com/en.html
	Pharmaprojects	药物综合信息数据库	英国	http://www.citeline.com/products/pharmaprojects/
	The George Institute for Global Health	乔治全球健康研究所	澳大利亚	http://www.georgeinstitute.org.cn/
	Hamilton Health Sciences（HHS）	汉密尔顿人口健康研究所	加拿大	http://www.hamiltonhealthsciences.ca/

续表

领域	英文名称	中文名称	所在国家（地区）	网址
交通	International Road Federation（IRF）	国际道路联盟	美国（总部）	http://www.irfnet.org/
	Institute of Shipping Economics and Logistics（ISL）	德国不来梅航运经济与物流研究所	德国	http://www.isl.org/
	Transportation Research Board（TRB）	美国国家科学院交通运输研究委员会	美国	http://trb.org/
	Policy Research Institute for Land, Infrastructure, Transport and Tourism（PRILIT）	国土交通政策研究所	日本	http://www.mlit.go.jp/pri/
	World Federation of Orthodontists（WFO）	世界铸造组织	美国，法国等	http://www.wfo.org/
材料	National Association of Corrosion Engineers（NACE）	美国腐蚀工程师协会	美国（总部）	http://www.nace.org/home.aspx
	Corrosion and Protection Centre, the University of Manchester	英国曼彻斯特大学腐蚀中心	英国	http://www.materials.manchester.ac.uk/our-research/research-groupings/corrosion-and-protection/
	Infos	Infos切削数据库	德国	http://www.rwth-aachen.de/
	Centre Belge dEtudede la Corrosion	比利时腐蚀研究中心	比利时	http://www.cebelcor.org/
	Total Materia	全球材料性能数据库	瑞士	http://apac.totalmateria.com/
	Material Properties Open Database（MPOD）	材料属性开放数据库	法国	http://mpod.cimav.edu.mx/

续表

领域	英文名称	中文名称	所在国家（地区）	网址
材料	Crystallography Open Database（COD）	晶体学开放数据库	法国	http://www.crystallography.net/
	TRIBOCOLLECT	TRIBOCOLLECT 摩擦学数据库	德国	https://www.bam.de/Content/DE/Standardartikel/Leistungen/Informationsdienst/infodienst-accordion-datenbanken.html
	NIMS Materials Database（MatNavi）	日本物质材料研究机构材料数据库系统	日本	http://mits.nims.go.jp/index_en.html
极地	National Institute of Polar Research Repository	国家极地研究所存储库	日本	https://nipr.repo.nii.ac.jp/
农业	Consultative Group on International Agricultural Research（CGIAR）	国际农业研究磋商组织	英国	http://www.cgiar.org/
光学	MODerate-resolution Imaging Spectroradiometer（MODIS）	中分辨率成像光谱仪	美国	http://modis.gsfc.nasa.gov/
林业	National Forest Centre of Slovakia	斯洛伐克国家森林中心	斯洛伐克	http://nlcsk.org/en